AF572931

Nelken

Ein Portrait
von
Susanne Stephan

NATURKUNDEN

NATURKUNDEN № 41

herausgegeben von Judith Schalansky
bei Matthes & Seitz Berlin

Inhalt

Der Name sei Nelke

»Kann ich Dir eine Nelke reichen?«

So wendet sich Rittmeister Stranz dem Prinzen von Homburg zu, der mit verbundenen Augen unter einer Eiche sitzt, während im Hintergrund bereits die Trommeln für seine Hinrichtung gerührt werden. »Lieber! –«, antwortet der Prinz. »Ich will zu Hause sie in Wasser setzen.«

In Heinrich von Kleists Schauspiel scheinen beide hier der tragischen Entwicklung entrückt – für den Prinzen wird es kein anderes Zuhause geben als das Grab – und wird nicht weiter über den Sinn unbedingten Gehorsams diskutiert, sondern über den Duft von Nachtviolen, Levkojen und Nelken, die ein Mädchen, so Stranz, hier gepflanzt habe, und kein bestallter Gärtner des Kurfürsten.

Auch der Lorbeer, den sich der Prinz in der ersten Szene des Dramas schlafwandelnd zum Siegerkranz flicht, ist keine in den kurfürstlichen Rabatten übliche Pflanze: »Wo fand er den in meinem märkschen Sand?«, wundert sich denn auch der Kurfürst, als er den träumenden Prinzen entdeckt. Ob der Prinz noch die Nelke in der Hand hält, als Natalie ihm den Kranz aus jenem Lorbeer aufsetzt, und er, der so unverhofft begnadigte Todeskandidat, in eine Ohnmacht fällt, aus der Kanonenschüsse ihn wecken müssen? Als er völlig verwundert fragt: »Ist es ein Traum?«, und der alte Soldat Kottwitz antwortet: »Ein Traum, was sonst?« Der starke Duft der nächtlichen Blumen wirkt wie der Weihrauch in der Kirche, mit dem eine Versöhnung von Staat und Individuum, von allgemeinem Gesetz und individueller Glückssehnsucht beschworen wird, bestätigt durch die letzten Verse des Dramas, einen Aufruf zur gemeinsamen erbarmungslosen Vernichtung der Schweden: »In Staub mit allen Feinden Brandenburgs!«

Ein bisschen Blütennebel, Theaterdonner und Schluss!, dachte ich verärgert, als wir in der Schule über diesen letzten Akt diskutierten, über die Kluft zwischen Traumspiel und Kriegsgeschrei. Damals, Anfang der Achtzigerjahre, waren die Fragen »Bundeswehr oder Kriegsdienstverweigerung?«, »Anpassung an die Gesellschaft oder kompromisslose Selbstverwirklichung?« noch dringende. Aber mehr noch als die »Ins Feld!«- und »Zum Sieg!«-Rufe irritierte mich dieses Gespräch über Blumen, während von ferne der Todesmarsch herüberdringt, verwunderten mich die seltsamen Namen wie Nachtviolen und Levkojen, die dem Prinzen wie dem Rittmeister so geläufig waren. Nelken kannte ich aus dem Poesiealbum, »Rosen, Tulpen, Nelken ...«, aber was ist an ihnen, dass der Prinz die Welt um sich herum völlig vergisst? Dass er mit dem Rittmeister nicht mehr über Tod und Leben sprechen möchte, sondern Konversation betreibt, als stünde er auf einer sommerlichen Terrasse? Ich habe meinen Vater nicht nach seinen Nelken, Levkojen und Nachtviolen gefragt, denn der Garten hinter unserem Haus interessierte mich überhaupt nicht. Damals lasen wir John Seymours *Leben auf dem Lande,* aber die Blumen- und Gemüsebeete unserer Eltern lagen weit außerhalb unseres Blickfeldes.

Unsere Vision galt einer besseren, gerechteren Welt, einer neuen Harmonie von Mensch, Gesellschaft und Natur. Es gibt keine guten Gärten im falschen Leben!

Als ich viele Jahre später selbst einen Garten hatte, ein Hanggrundstück in Stuttgart, erhielt ich von meinem Vater jeden Herbst einige Schalen mit Federnelken, aus Samen gezogen für den nächsten Sommer und für unseren Steingarten besser geeignet als vieles, was ich in der ersten Begeisterung ausprobierte. Einen Sommer ohne die kleinen Blüten zwischen den Steinen, ohne die Nelkenwolken auf dem Weg zum Haus konnte ich mir schon bald nicht mehr vorstellen.

Seit mein Vater nicht mehr lebt, muss ich mich selbst um die Nelken kümmern. Zunächst habe ich Federnelken ausgesät – in Schalen herangezogen, im Herbst ausgepflanzt –, im Jahr darauf Federnelken und Bartnelken, eine reich blühende, doch kaum duftende Nelkenart, die auch in unserem kargen Boden gut wächst. Beide Samen musste ich mir zuschicken lassen, denn sie waren in den Drehständern unter Sonnen-, Studenten-, Ringelblumen nicht zu finden. Im dritten Jahr kamen besondere Nelkensorten hinzu, auch Wildarten wie die Karthäuser- und Prachtnelke. Außerdem Samenmischungen für die einjährig blühenden Chinesischen Nelken und für historische Duftpflanzen wie Nachtviolen und Levkojen, die wie die einfachen, stark duftenden Federnelken auf dem Wochenmarkt nicht mehr zu haben sind. Mein Garten und einige Töpfe füllten sich mit Nelken; mal überleben sie einen Winter, mal nicht, säen sich aus oder nicht.

Im Sommer bleiben immer wieder Besucher vor den Blüten

Zwei weiße einheimische Federnelken umrahmen die gefüllte Gartenform einer Nelke aus dem Mittelmeerraum. Illustration im Hortus Eystettensis, *den der Nürnberger Apotheker und Botaniker Basilius Besler 1613 im Auftrag des Bischofs von Eichstätt herausgab.*

stehen, lassen den Duft auf sich wirken, der viele weniger an ›Großmutters Garten‹ als an den Zahnarzt erinnert. Tatsächlich riecht das früher einem Zahnfüllungsmaterial beigemischte Eugenol, das aus dem ätherischen Öl der Gewürznelken gewonnen wird, sehr ähnlich; die Gewürznelken, die nach ihrer Nagelform als ›Nägelein‹ oder ›Negelein‹ bezeichnet und mit der Kreuzigung Christi in Verbindung gebracht wurden, haben jedoch mit der Blume botanisch nichts zu tun, haben den ›Negelinblum‹ oder ›Negelken‹, den Nelken, nur ihren Namen gegeben und viel ihrer Symbolik übertragen.

Werden die Steingartennelken noch überrascht zur Kenntnis genommen, so macht sich angesichts anderer Nelken in Blumengeschäften oft Verlegenheit breit: Nelken? Sind die nicht spießig? Oder gerade wieder nicht? Eine typische Fünfzigerjahre- oder auch Beerdigungsblume? Immer wieder blitzen Ahnungen von ihrer Symbolik auf, Reminiszenzen, halb verblasste Erinnerungen an die portugiesische Revolutionsnelke, die sozialistische Staatsnelke, an schmückend, aufdringlich oder ironisch verstandene Knopflochnelken. Da greift man doch besser zu den unbelasteten Margeriten.

Oft werden auch die Verse zitiert: »Rosen, Tulpen, Nelken, alle Blumen welken, / nur diese eine nicht, die da heißt Vergissmeinnicht«, die sich zwar reimen, aber inhaltlich hinken. Die Nelken, denen das Reimwort eingeschrieben ist, verblühen in diesem Trio am langsamsten und unauffälligsten, während das gegen die vergänglichen Blumen angeführte Vergissmeinnicht sehr wohl welkt und nicht wintergrün ist wie viele Nelkenarten. Die charakteristischen dünnen, meist graugrünen, leicht wächsernen Stängel und Blätter halten die Verdunstung gering und speichern das Wasser; daher sehen Nelken in einem Strauß meist am längsten frisch aus, was ihr Schicksal als Floristen- wie auch Friedhofsblume besiegelt und sie weit von ihren ursprünglichen Wuchsorten, den Berghängen und Magerflächen, entfernt hat. Doch werden sie als fast makellose, eben nicht treulos-welkende Blumen auch nicht höher geschätzt.

Dabei war die Nelke über zweihundert Jahre, von ca. 1600 bis weit ins 19. Jahrhundert hinein, die beliebteste Blume in Deutschland wie auch in anderen Ländern Europas. In Töpfen und Beeten herangezogen, getauscht, in den vielfältigsten Farben und Formen gezüchtet von Adligen und Bürgern, Naturforschern und gärtnernden Amateuren; gezeichnet, gemalt, viel beschrieben, und, ja, zu jeder Zeit auch geschmäht als vom Menschen verändertes Geschöpf. »Es gibt keine Pflanze, die eine solche Entwicklung durchlaufen hat oder so menschlich ist wie die Nelke«, stellt Montagu Allwood, der große Nelkenzüchter des 20. Jahrhunderts, fest. Er weiß: Nelke und Mensch gehören zusammen.

Das tun sie seit dem frühen 15. Jahrhundert, als die ersten Gartennelken, die vermutlich bereits im Osmanischen Reich aus einer natürlichen Mutation gezüchtet worden waren, über Italien und Spanien das nördliche Europa erreichten und sich als duftende, vielfarbige Garten- und Topfblumen verbreiteten. Die Tulpe, die etwas später als die Nelke im 17. Jahrhundert die europäischen Gärten eroberte, bot zwar vergleichbare Farbspiele, hatte aber nur eine kurze Blüte und keinen Duft – auch aus diesem Grund fehlt Maria Sibylla Merian, wie sie in der Einleitung zu ihrem *Neuen Blumenbuch* (1680) bekennt, für

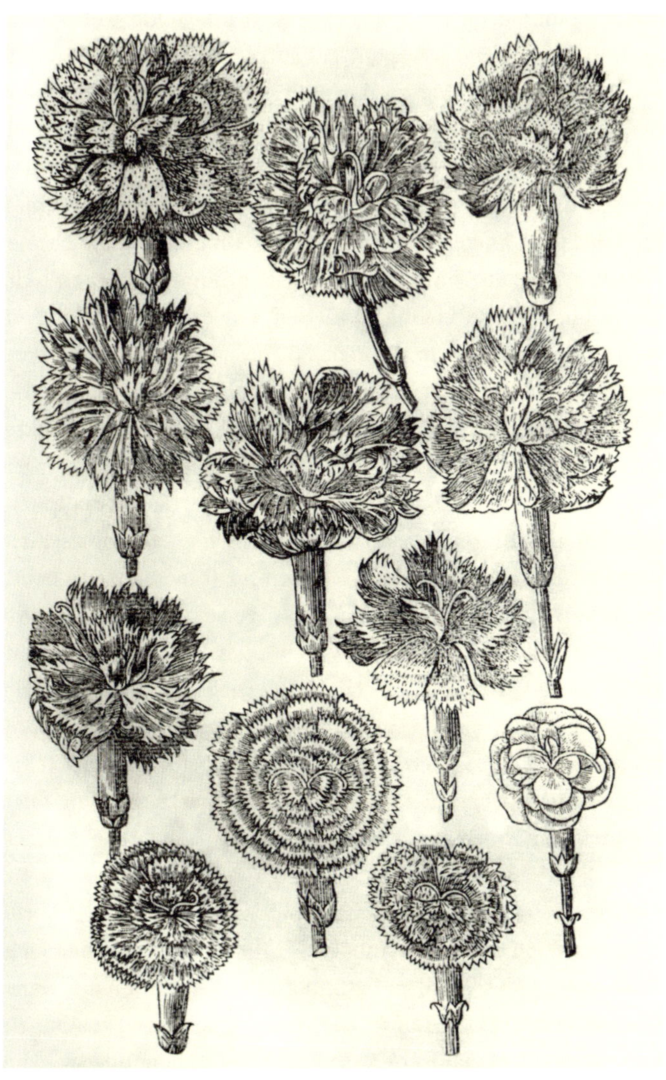

Der Botaniker John Parkinson, Apotheker Jakobs I., präsentiert in seinem Gartenbuch von 1629 die Fülle der zeitgenössischen Nelkensorten.

die Tulpomanie, die damals gerade zurückliegende exorbitante Spekulation auf die gefragten Tulpenzwiebeln, jedes Verständnis. Die Rose, die eher zu den Blütensträuchern gehört, war lange Zeit auf eine einmalige Blüte und rund dreißig Sorten beschränkt.

Auch die Nelke blühte bis ins 19. Jahrhundert nur einmal im Jahr, aber länger, bis in den Herbst hinein, und sie hat neben dem starken, würzigen Duft eine besondere Eigenschaft, die Botaniker wie Liebhabergärtner seit der frühen Neuzeit fasziniert: Sie bringt leicht neue Sorten hervor. Was die Pflanzengenetiker heute als ›natürliche Polyploidisierung‹, also die Vervielfältigung des Chromosomensatzes, erkennen, weckte früher die Neugier und die Experimentierlust: Durch künstliche Bestäubung lassen sich immer neue Farbkombinationen und gefüllte Blüten heranziehen, die meist im Unterschied zu anderen hochgezüchteten Blumen fertil bleiben, das heißt fruchtbaren Samen bilden. Auf diese Weise begleitet die Nelke das zunehmende botanische Wissen über Vermehrung, Kreuzungen und Vererbungsgesetze – und geben ihre Erscheinung und ihre Sortennamen zugleich einen Spiegel der Kulturgeschichte und der ästhetischen Ideale ab. So gut sich die Nelke an ihre Standorte in der Natur angepasst hat, so gefügig folgt sie auch den Wünschen der Menschen.

Auf Portraits der frühen Neuzeit präsentieren sich arrivierte Bürger mit einer Nelke: Symbol ihrer Heiratsabsicht, aber auch ihres Reichtums. Die drei besonderen Nelkenblüten auf Hans Holbeins Portrait des Kaufmanns Gisze scheinen so kostbar zu sein wie die venezianische Vase, in der sie stehen, oder wie die

Mein Kontor, meine Taschenuhr, meine Nelken: Georg Gisze in London, gemalt von Hans Holbein d. J. 1532.

vergoldete Dosenuhr daneben, damals ein technisches Nonplusultra. Ihr Besitzer zeigt sich damit als ein fortschrittlich denkender Geist, der die Natur wie die Zeit zu kontrollieren weiß. Wir werden später noch auf dieses Bild zurückkommen.

Als Fortschrittsemblem wird die Nelke – nahezu mustergültig im Sinne von Karl Marx' Geschichtstheorie – über die Jahrhunderte von den oberen zu den unteren Schichten durchgereicht: Zunächst die Blume der Reichen und Adligen, Schmuck der Lustgärten und Studienobjekt der *curieux fleuristes,* der philosophischen Köpfe unter den Gärtnern, wird sie im 18. Jahrhundert zu einer bevorzugten Blume der deutschen ›Blumisten‹, gelehrten Blumenfreunden, die in ihren Nelkendiskursen ein bürgerliches Selbstverständnis formulieren, und im 19. Jahrhundert schließlich zum Symbol der Arbeiterbewegung. Doch auf jeder Stufe trifft sie neue Kritik.

Denn kaum war die Nelke in die Gärten eingezogen, spaltete sie schon die Gemüter: Für den einen war sie die »Königin der Schönheit und der Blumen«, wie der englische Botaniker John Parkinson Anfang des 17. Jahrhunderts schreibt, deren »Zusammenspiel aus Pracht, Mannigfaltigkeit und süßem Duft in jedermann den ernsthaften Wunsch weckt, sie zu lieben und besitzen«, für den anderen ein Verrat an der Natur, ein »Bastard«, so eine Figur in Shakespeares zeitgleich entstandenem *Wintermärchen.* Und während der englische Kräuterkundler William Turner um 1550 mit Gärtnerstolz verkündet, die Nelke sei nur »angenehm und duftend durch die Anstrengungen und die Kunst der Menschen, nicht durch die Natur«, malt in der Mitte des 17. Jahrhunderts Andrew Marvell, Parteigänger Oliver Cromwells, in seinem Gedicht *Der Schnitter gegen Gärten* mit barockem Ingrimm die Verderbnis aus, die der Mensch über die Natur brachte, indem er ein Stück Land abtrennte und ihn seinen Garten nannte. Sein erstes, allzu williges Opfer ist die Nelke:

Der Mensch, in seiner Lust und Sündengier,
Hat nach sich selbst die Welt verführt,
Lockte die Pflanzen aus der Flur,
Dem schlichten Hort reiner Natur: …
Verwöhnt, lernte die Nelke seine List,
Trug bald ein doppeltes Gesicht.

Die widerstandslos einer Züchtervorstellung und den Moden der Zeit folgende Nelke galt damit als ein leichtes Mädchen, ein Bild, das in Gedichten und Romanen wiederkehren wird.

Barthold Heinrich Brockes, der größte Blumist der deutschen Literatur, preist die Nelke Anfang des 18. Jahrhunderts als eine Blume, die »Haupt und Hertz vergnügt«, die sinnliche wie philosophische Freuden verspricht. Aber wenn der Pastor Rudolphi in seiner *Nelken-Theorie* von 1787 bemerkt, dass die Beschäftigung mit Nelken eine würdige Beschäftigung für »denkende Köpfe und Gelehrte« sei, so steht sie damals bereits in Verdacht, die Blume der Spießer, in der Sprache der Zeit: der Philister zu sein. Vor den Nelkentheatern der Epoche – hölzernen Stellagen, in denen die empfindlichen Blumen oft vor schwarzem Hintergrund präsentiert wurden, um ihre Blüten besser zur Geltung zu bringen – diskutierte man nicht nur über den Stand des »Blumenreiches« als Abbild der Gegenwart oder über das neue wissenschaftliche System des Carl von Linné, sondern befasste sich in aller Ausführlichkeit damit, wie lang und breit die Striche auf den Blüten einer ›Bizarde‹, einer mehrfarbig gezeichneten Nelke, ausfallen dürfen.

Als Johann Wolfgang von Goethe im Sommer 1809 den Garten des Nelkenzüchters Wolfgang Wedel in Jena besucht, muss er fast gegen seinen Willen eingestehen, dass dort die Nelkenblüte »sehr vergnüglich anzusehen ist, wenn man nur erst den philisterhaften Begriff den man von jeher mit dieser Liebhaberey verband, bey Seite geschafft hat«. Spießerblume hin oder her: Man muss nur souverän über den Menschen hinter den Nelken hinwegsehen – wie Kleist dies im zeitgleich entstandenen *Prinz Friedrich von Homburg* tat.

Vermutlich beschickte Wedel auch das Topftheater bei Goethes Wohnhaus; einige seiner Gartenkataloge haben sich in der Bibliothek des Dichters erhalten. Darin künden Nelkensorten wie *Spinoza, Mirabeau* oder *La Fayette* von wichtigen Etappen der Geistes- und allgemeinen Geschichte, erinnern *Graf Struensee* und *Charlotte Corday* an tragische Helden des Bürgertums und wurden also in den Nelkentheatern wie auf kleinen Liebhaberbühnen in Szene gesetzt. In der kleinen Universitätsstadt Jena folgte man Friedrich Schillers Ruf nach einem Studium der »Universalgeschichte«, das er in seiner Antrittsvorlesung im Mai 1789 entwarf, bis in die Gärten.

So eng verbunden die Entwicklung der Nelke mit der Kulturgeschichte ist, so vielfältig erscheint auch ihre Symbolik – reicher und schillernder als die der Rose, die immer sogleich mit Liebe in Verbindung gebracht wird. Die Rose ist schön, die Nelke ist schön und interessant. Unvorstellbar, dass der Prinz von Homburg eine Rose in der Hand hielte, Zauber und Geheimnis der Szene wären dahin. Es muss schon die tief in christliche wie islamische Bedeutungswelten eingebettete – und vielleicht im Deutschen durch ihre Assonanzen mit Nacht und Welken –

Die Croon von Sierhagen *von Johann Gottfried Simula 1720 auf schwarzem Grund portraitiert. Aus der* Flora exotica, *einem botanischen Prachtwerk von Gut Sierhagen in Ostholstein.*

nachtseitige Nelke sein. Im Orient war und ist die Nelke bis heute ein Symbol der Trauer und, in Wasser geworfen, Symbol des Übergangs vom Leben zum Tod, eine Schicht, an die der Prinz von Homburg mit seiner Bemerkung »Ich will zu Hause sie in Wasser setzen« zu rühren scheint.

Zugleich galt die Nelke im Islam als ein Symbol der spirituellen Kontemplation, stilisiert findet sie sich auf vielen Keramiken und in Stickereien. Ihr Duft wird auch in vielen Nelkenschriften in Europa im Unterschied zu den betäubenden Duftwolken der Rosen als anregend und den Geist klärend beschrieben. Johann Nicolaus Weißmantel, einer der maßgeblichen ›Nelkenisten‹, Nelkenzüchter und -autoren, des 18. Jahrhunderts, genießt bei seinen Nelken deren »Herz und Nerven stärkende balsamischen Ausdünstungen«. Auch der junge Kaufmannssohn in Hugo von Hofmannsthals *Märchen der 672. Nacht* hofft, sich von Gefühlen der Angst und Beklemmung zu befreien, indem er im Garten »darauf achtete, wie aus dem kühlen Duft von Gras und Erde der Duft der Nelken in hellen Atemzügen zu ihm aufflog«. Dem Rosenrausch zieht er die aufhellende, die Gedanken stimulierende Wirkung des Nelkendufts vor.

Sie ist eine Denker-, mehr denn eine Dichterblume, eine Nachtgedankenblume und Hungerkünstlerin, die sich mit kargen und luftigen Orten begnügt.

Bei weißen Nelken in einem nächtlichen Garten denkt der französische Dichter Francis Ponge, der 1941 vor den Deutschen ins südfranzösische Roanne geflüchtet ist, darüber nach, wie man jenseits der blumigen Metaphern, von denen die Sprache voll ist, heute noch über Nelken, über Blumen, über die uns umgebenden Dinge schreiben kann. Und die dänische Lyrikerin Inger Christensen lässt ihr großes Poem *alfabet* (1981) beim Buchstaben n abbrechen, bei den »nachtschatten«, der »namenlosigkeit« und den »nelken« (dänisch *»nellieke«*), an denen sie zeigt, wie Name und Ding auseinanderfallen, und dennoch nur das Sprachspiel, das sich zwischen ihnen entspinnt, die Erfassung der Welt möglich macht:

der trost der namen, daß nichts beim namen
genannt wird, daß namenlosigkeit beim namen genannt wird
daß es die namen gibt, namen wie der narwal
die nessel, namen wie die nelke, die nachteule

Eine wildwachsende Prachtnelke steht in Paul Celans einzigem Prosatext *Gespräch im Gebirg* (1959) am Wegesrand, als er eine Begegnung mit Theodor W. Adorno im Gebirge imaginiert, und wird aus späterer Sicht zum Vorboten des Todes.

In einem eher unbekannten Detail des sogenannten Busenattentats auf Adorno im April 1969, das ein im Hörsaal anwesender Journalist festgehalten hat, scheinen gleich mehrere Bedeutungen der Nelke auf. Die nach vorne stürmenden Studentinnen sollen den Philosophen nicht nur mit nackter Haut konfrontiert, sondern auch mit Nelkenblüten bestreut haben: eine bacchantische Geste, ein ferner Gruß der Blumenkinder, die eine Befreiung der Körper aus der Kleidung wie der Blumen aus den Kränzen zelebrieren. Zugleich sind es Denkerblütenblätter, die den Vordenkern um die Ohren fliegen, damit sie sich endlich den konkreten Forderungen, dem Kampf der Straße anschließen.

Adorno, von diesem Ereignis entsetzt und verstört, stirbt wenige Monate später an einem Herzinfarkt, im Gebirge.

Ein ambivalentes symbolisches Gespinst ist es also, das die Nelke umgibt, ambivalent wie ihre eigene Stellung an der Grenze zwischen Natur und Kultur, die von Epoche zu Epoche anders gezogen wird. So verrät die Nelke, wie der Mensch sich die Natur zu eigen macht, und halten uns ihre Blüten einen Spiegel dieses Eigenen, des Zeitgeschmacks wie unserer Ansprüche an die Natur, entgegen. Aber während wir den Floristen-Nelken mit Geringschätzung begegnen, besiedeln einige Wildnelken bereits die Brachflächen unserer Zivilisation. Denn die Nelke, seit Jahrhunderten geliebt und verhasst, ist heute vor allem eines: verkannt.

Negelein

Wer wie du und alle Nelken Blut als Münze braucht und Tod als Wein

PAUL CELAN

Eine ganze Weile schon steht er vor seinem kleinen Laden am Corso Vittorio Emanuele II, und schon lange warte ich auf den Bus, der nicht kommen will, und das ist ein Wink. Kaum habe ich die kleine Parfümerie betreten, nimmt er auch schon den Duft aus den bis unter die Decke gefüllten Regalen, nach dem ich zu Hause vergeblich gesucht hatte: ›Dianthus‹.

»Von Dios anthos«, ruft er, »die Götterblume!«, und sprüht mir auf. Früher, erzählt er, galten die Nelken als die Tränen eines Hirten, der in die Jagdgöttin Diana verliebt war. Aber da sie von ihm nichts wissen wollte, weinte er und weinte, bis alles um ihn her von Nelken erblüht war. »Waren es nicht seine Augen?«, frage ich. »Von Diana wütend ausgerissen, weil der Hirte allzu laut auf der Schalmei spielte und so ihr Jagdwild vertrieb? Sie riss oder schoss ihm die Augen mit dem Bogen aus und warf sie zwischen die Steine. Später, milder gestimmt, verwandelte sie seine Augen in Nelken. Wachsen nicht viele Nelkenarten an Berghängen, auch am Olymp?« »Nein, keine Schalmei«, meint der Signor, als wir schon an seiner altmodischen Kasse stehen. »Er kreuzte den Weg der stolzen Kriegerin, aber sie hatte ein Gelübde abgelegt und musste ihn strafen. Ein ganz besonderer Duft! Alle kommen wieder!«, ruft er noch, als er sich wieder vor seinen Laden stellt, um in aller Ruhe das Geschehen zu verfolgen. »Tutti!«, und weist hinter sich in Richtung Piazza Navona, Pantheon und Regierungsviertel, auch in Richtung der Via del Corso, wo ich am Nachmittag in ein ungewöhnlich großes Gedränge gerate. Es ist der 8. Dezember, der Feiertag Maria Immacolata, alle haben frei, und ein Strom von Passanten wogt von der Piazza del Popolo bis hinunter zur Piazza Colonna und zum Kaufhaus Rinascente, wo sich aus der Menge plötzlich eine Prozession von Musikanten, Geistlichen, Ordensbrüdern und -schwestern herauslöst, der sich immer mehr Menschen anschließen, einer von Ministranten getragenen Marienfigur hinterher, um deren Sockel sich weiße Gerbera und rosa Nelken schlingen, der auch ich folge, bis zur Kirche Santa Maria sopra Minerva neben dem Pantheon, wo Erzbischof Georg Gänswein die Versammelten mit der Monstranz segnet und sich die Gläubigen im Weihrauchdunst vor der Marienstatue anstellen, um sie zu küssen: die mit plüschigen Nelken geschmückte Maria Pellegrina di Fatima, in der an die unbefleckte Empfängnis der Maria erinnert wird.

Auch die Mariensäule auf der Piazza del Spagna wird an diesem Tag im Beisein des Papstes und der Bürgermeisterin in einer Blumenzeremonie mit einem Kranz geschmückt, die sich wie so viele Bräuche der christlichen Kirche real wie symbolisch auf einem antiken Untergrund bewegt. In der Antike feierte man die ›Florealia‹, das Fest zu Ehren der Göttin Flora, mit Blumenschmuck an den Häusern und der eigenen Kleidung, mit Gesängen und Tänzen in den Straßen, die oft von Prostituierten angeführt wurden. Diese Rituale werden bis ins

Das Jesuskind greift nach den Nelken, aber über dem Gesicht der Maria liegt der Schatten einer Vorahnung. Bernardino Luini, 1515.

20. Jahrhundert nachwirken: Das 1982 uraufgeführte Tanztheaterstück *Nelken* von Pina Bausch, das weltweit das Publikum begeisterte, erzählt von Kindheit, Liebe und Sehnsucht auf einem Teppich zahlloser aufrecht im Bühnenboden steckender Nelken. Eine im Internet abrufbare Choreografie, eine für Pina Bausch typische ›Tanzreihe‹, lädt zum Mittanzen ein: zu einer

tänzerischen Prozession durch die Jahreszeiten, die jeweils von einer bestimmten Geste ausgedrückt werden. Im 1916 von Jean Sibelius komponierten Klavierstück *Die Nelke* wiederum weckt eine heitere Melodie im Walzerrhythmus die Erinnerung an einen Ball und lässt zugleich von fern das *Ave Maria* von Franz Schubert anklingen.

Der britische Anthropologe Jack Goody beschreibt in seinem Spätwerk *The Culture of Flowers,* wie das Christentum nach jahrhundertelanger Bilder- wie Blumenfeindschaft, die darin gründete, dass Blüten in Kränzen und Girlanden ein wesentliches Element der heidnischen Götterverehrung waren, schließlich beides, die bildliche Darstellung wie den Blumenschmuck, wieder in den Kirchen zuließ. Nun allerdings gereinigt von abergläubischen Elementen und mit frommen Namen versehen unter dem großen Mantel der Maria, einem gesegneten *Frauenmantel,* wie das »Alchemistenkraut« (Alchemilla) nun hieß. Die Kronen-Lichtnelke, in der Antike mit Aphrodite verbunden, war fortan das *Frauenröslein* und der giftige Fingerhut *Unserer lieben Frau Handschuh.*

Die *Primavera* von Botticelli schreitet über eine Wiese, in der Nelken blühen, und auch nördlich der Alpen erscheinen sie jetzt zusammen mit Lilien und Rosen auf Altarbildern, zu Füßen oder in den Händen der Maria, in Stundenbüchern und Tapisserien. Vermutlich war es ihre Namenspatin, die Gewürznelke, die mit ihrer Passionssymbolik der Nelke den Weg in den *hortus conclusus,* den geschlossenen Garten der Maria, geebnet hat. Eine Kronen-Lichtnelke taucht bereits im berühmten *Paradiesgärtlein* von 1410 auf.

Im Gegensatz zur Lilie und Rose ist die Nelke weder in der Bibel noch in der antiken Literatur oder Kunst zu finden. Sie wurde einfach mit einer beim griechischen Naturforscher Theophrast erwähnten »dios anthos«, Götterblume, Blume des Zeus, gleichgesetzt. Carl von Linné wiederum leitete daraus in seinen *Species plantarum* (1753) den Gattungsnamen ›Dianthus‹ ab. Zuvor hatte man Blume wie Gewürz ›Caryophyllus‹ genannt, nach dem griechischen *karyophyllon,* nussblättrig; Linné machte Schluss mit dem magischen Denken in Ähnlichkeiten und wies beide verschiedenen Ordnungen zu: Die Gartennelke hieß nun *Dianthus caryophyllus,* die Gewürznelke *Syzygium aromaticum.*

Vermutlich wurde der Mythos um die von Diana ausgeschossenen Augen und die Tränen des Hirten von französischen Humanisten verbreitet, um die in Frankreich volkstümlich *œillets,* also Äuglein, genannten Nelken von der Antike herzuleiten. In einer zeitgleich aufkommenden christlichen Legende sind es die Tränen der Maria, die sie in düsterer Vorahnung auf dem Weg nach Ägypten vergießt und die im Sand als Nelken, als »Muttergottestränen« aufblühen. Auf zahlreichen Madonnenbildern reicht Maria ihrem Sohn eine Nelke als Ankündigung des kommenden Unglücks. Eine Konnotation, die der Nelke als dunkler Unterton erhalten bleiben wird. Mit einer roten und weißen Nelke signierten im 15. Jahrhundert im Raum Bern die sogenannten Nelkenmeister ihre Altarbilder: Hier sind die Nelken ein Symbol der Leidensgeschichte Jesu und legen zugleich eine geheimnisvolle Spur zu Künstlern, die noch nicht aus der Anonymität heraustreten wollten.

Wegen der Verbindung zur Kreuzigung Christi wurde die Nel-

Hinter der Maria blühen rote ›zam negelein‹ in einem Nelkentopf. Auch der Baum rechts ist eine Zierform. Braunschweiger Diptychon, *um 1490.*

ke sogar oft der Rose vorgezogen, die mit ihrer erotischen Aufladung manchen katholischen Kreisen suspekt blieb. Als der F. B. Sieur de l'Ecluse, ein Pseudonym, im Jahr 1675 ein Handbuch zur Kultur der beliebtesten Blumen veröffentlicht, muss er darin zunächst die »Königin Rose« entmachten und einen »König Nelke« (*un œillet*) inthronisieren, der für ihn die höheren christlichen Weihen hat. Die Rose, mahnt der Autor, erinnere zu sehr an eine weibliche Amazonenherrschaft, die keinen König anerkenne, und an die römische Göttin Flora, die nichts anderes als eine Kurtisane gewesen sei. Diese wird kurzerhand durch eine Heilige Flora aus dem 13. Jahrhundert ersetzt, die fortan der Arbeit des Blumengärtners ihren Segen gibt.

Neben den einzelnen Nelken in den Händen der Maria oder des Jesuskindes tauchen in Bildern der frühen Neuzeit oft ganze Nelkentöpfe auf, wie beim sogenannten Braunschweiger Diptychon, das um 1490 von einem unbekannten Künstler aus der Gegend von Haarlem gemalt wurde. Der *hortus conclusus,* in dem Maria und Anna mit dem Jesuskind spielen, ist hier ein höfischer Garten und der Topf mit den roten Nelken ein Verweis auf die Passion und der ganze Stolz des Gartenbesitzers zugleich. Man erkennt ein Pflanzgerüst, das bis ins 19. Jahrhundert nötig sein wird, um die dünnen Stängel zu stützen. Auf einer Illustration im Hausbuch von Schloss Wolfegg flaniert ein adliges Paar in Gesellschaft eines angeketteten Äffchens durch einen umschlossenen Garten, vorbei an einem geschnittenen Buchsbaum und einem Nelkentopf. Kultur bedeutete für die Menschen damals ein Sieg über die Natur, ihre Dressur: Die begehrten Nelken mussten nicht nur in einem ummauerten

Garten, sondern darüber hinaus noch in einer Art Käfig gezogen werden.

Einen prächtigen Nelkentopf zeigt auch das Kräuterbuch des Hieronymus Bock von 1539. Die darin wachsenden »lieben Graßblumen« – im Sinne von ›vertraut‹ – sind laut Bock »der Reichen leut kurtzweil / nicht allein an der gestalt schön / sonder auch am geruch lieblich«. Er fügt hinzu – denn es geht in seinem Werk, wie auch bei den ersten europäischen botanischen Gärten des 16. Jahrhunderts, um das heilkundliche Wissen –, dass sie »inn vil wege nützlich zu brauchen« und von einer »mittelmässigen temperatur« seien. Er empfiehlt besonders kandierte Nelken zur Herzstärkung: ein »anmutiger Zucker«.

Leonhart Fuchs unterscheidet in seinem Kräuterbuch von 1548 »wilde« und »zame Negelin«, also die wildwachsenden Karthäuser-, Heide- und Prachtnelken (die bei ihm *Blutstroepfflin / oder Dondernegelin*, *Feldtnegelin* und *Mutwillen und Hochmut* heißen) von in Töpfen gezogenen Nelken. Diese »zamen Negelin« seien »über die massen hüpsch von farben / als weiß / leibfarb / schwartzrot / liechtrot / weiß zerteylt / rot zerteylt / weiß unnd rot gesprengt / gefüllt und ungefüllt«. Dies zeigt bereits etliche Varianten der Nelkensorten, die später noch durch neue Farben und raffinierte Musterung wie den ›Picotten‹ mit zartem Farbrand erweitert werden wird. Vom Vergnügen an den Blumen kommt Fuchs alsbald zum Ernst der Heilkunde und führt an: gepulverte Nelken in Weißwein als Remedium gegen Schlangenbisse, Nelkensaft gegen die Pestilenz, warmes Nelkenwasser gegen Zahnweh und: »Die blumen gepulvert und getruncken morgens früe / bewaren vor trunckenheyt.«

»Über die Maßen hübsch von Farben«, aber den Botaniker interessiert auch die Wurzel. Aus dem Kräuterbuch des Leonhart Fuchs.

Fuchs' »leibfarb« ist die deutsche Entsprechung zum englischen *carnation,* das im 16. Jahrhundert als Begriff für die höher wachsenden Nelken aufkam. Die niedrigen nannte man *pinks* (›kleine Augen‹) – die Benennung der Farbe Pink folgte auf die der Blume, und nicht umgekehrt. Bis zum 18. Jahrhundert sprach man in England von *blush* oder *light red,* und im Deutschen, wie Fuchs, von »lichtrot«. Bei Fuchs sind es die »jungfrawen«, also junge Frauen, die sich um die Nelkentöpfe kümmern. Wie immer bestimmt auch hier der Zufall, was sich in Büchern und in Bildern dokumentiert findet, und vermutlich wuchsen Nelken auch seit Längerem in nicht-fürstlichen Gärten, nur wurde nicht darüber geschrieben.

Bei vielen Anwendungsbereichen, wie dem von Fuchs genannten Schutz vor der Pest, dienten die Nelken als Ersatz für die oft unerschwingliche, aus dem fernen Ostasien importierte Gewürznelke. Bereits Hildegard von Bingen beklagt im 12. Jahrhundert den hohen Preis der »negelein«, empfiehlt sie jedoch gegen ein »Brummen« im Kopf. Statt der Ketten aus Gewürznelken, deren starker Duft und ätherisches Öl ansteckende Krankheiten abwehren sollte, konnte man sich ab dem 16. Jahrhundert die günstigen getrockneten Nelkenblüten umhängen, denen allerdings das Eugenol fehlt. Aber auch ein Placebo zeigt ja oft erstaunliche Wirkung.

Die »näglein«, mit denen in Johannes Brahms' berühmtem Schlaflied *Guten Abend, gut' Nacht* die Decke »besteckt« wird, meinen das Gewürz, das Ungeziefer und Infektionskeime vom Bett fernhalten soll. Die mittelhochdeutsche Vorform, ein Liebeslied, bereitet eine rundum duftende Schlafstatt:

Got geb euch eine gute nacht / von rosen ein dach / von liligen [Lilien]
ein pet / von feyal [Veilchen] *ein deck / von muschschat* [Muskat]
ein tuer / von negellein [Nelken] *ein rigelien dar für*

Wie das teure Original wurden die Nelkenblüten beim Kochen verwendet, um Speisen zu würzen, aber auch, um den Geschmack von leicht Verdorbenem zu überdecken; es gab ja kaum Kühlmöglichkeiten. So heißt eine alte Federnelkensorte in England *Sops in Wine* (›in Wein getunkte Bissen‹), weil Nelkenblüten oft im Glas schwammen. Damals war es üblich, auf der Tischdecke vielerlei duftende Blüten zu verstreuen, bei luxuriöseren Gelagen wurden sogar zu jedem Gang die Tischdecke und der Blumenschmuck gewechselt. Die Decken schüttelte man einfach über dem Boden aus, der bald aussah wie der Streublumen-Dekor der Buchmalerei und die *Millefleurs*-Tapisserien. Bis ins 19. Jahrhundert wurden wohlriechende Blumen nicht nur in Parfüms, sondern auch in den Pommaden weiterverarbeitet, die man zur Abwehr übler Gerüche in einem Flacon um den Hals trug. Zugleich musste in den Gärten mit duftenden Blumen noch der alte Abwehrzauber gegen die damals allgegenwärtigen schlechten und tatsächlich meist gesundheitsgefährdenden Gerüche beschworen werden.

In Allegorien der fünf Sinne sind es oft Nelken, die den Geruchssinn symbolisieren. Das vielleicht berühmteste und zugleich rätselhafteste Beispiel findet sich in einem dunklen Raum des Musée de Cluny in Paris unter den sechs Tapisserien des Zyklus *Die Dame mit dem Einhorn.* Rainer Maria Rilke führt in den *Aufzeichnungen des Malte Laurids Brigge* seine Hauptfigur hierher. Auf dem Wandteppich, der dem Geruchssinn gewidmet ist, windet sich die Dame einen Nelkenkranz:

> *... wie versunken sie ist: sie bindet einen Kranz, eine kleine, runde Krone aus Blumen. Nachdenklich wählt sie die Farbe der nächsten Nelke in dem flachen Becken, das ihr die Dienerin hält, während sie die vorige anreiht. Hinten auf einer Bank steht unbenutzt ein Korb voller Rosen, den ein Affe entdeckt hat. Diesmal sollten es Nelken sein. Der Löwe nimmt nicht mehr teil; aber rechts das Einhorn begreift.*

Das Einhorn und die Dame teilen das Geheimnis der Nelken; dem Affen, der nur einen Reiz des Äußeren sieht, bleiben die Rosen. Das Einhorn, das der Legende nach nur von einer Jungfrau gefangen werden konnte, versteht, warum es Nelken sein müssen, weiße und rote in der Tradition der Marienbilder, wie sie im Hintergrund dieser Szenen, wie auch auf anderen *Millefleurs*-Tapisserien jener Zeit wachsen, die mit ihrer eingestickten Blumenfülle in den Wohnungen und Palästen gegen die aus dem Gemäuer kriechende Winterkälte aufgehängt wurden. Auf dem Wandteppich, der den Tastsinn illustriert, passt zwischen die Dame und das Horn des Einhorns, das sie umfasst, gerade noch eine weiße Nelke wie zur Besiegelung ihres Geheimnisses. Auf einem weiteren, dem Herzen als dem sechsten Sinn gewidmeten Wandteppich will sich die Dame in ein Zelt zurückziehen, das die Inschrift *A mon seul désir* (›Mein einziger Wunsch‹) trägt. Zu einem Bräutigam oder in die Einsamkeit? Legt sie ihren wertvollen Schmuck an oder kommt er als weltlicher Tand in die Schatulle? Bei all dieser nelkenumkränzten Doppeldeutigkeit kann der Löwe nur fauchen, das Einhorn aber scheint vergnügt.

»Diesmal sollten es Nelken sein.« Aus der Serie der Dame mit dem Einhorn, *um 1505.*

In Andalusien ist die Nelke, wie im übrigen Europa die Rose, der Inbegriff von Weiblichkeit. Die Flamenco-Kleider wurden mit den Blütenblättern einer Nelke verglichen; bei Stierkämpfen tragen die Damen auf der Zuschauertribüne rote Nelken hinterm Ohr: links bedeutet, dass sie verfügbar sind, rechts, dass nicht. Zum Schluss des Kampfes werden die Nelken in die Arena geworfen. In Spanien, berichtet Jack Goody, gilt die Nelke auch als ein Symbol für die Menstruation.

Als ein Emblem der weiblich-mütterlichen Sphäre erscheint die Nelke im Leben Friedrich Nietzsches: Als er im Oktober 1872 anlässlich seines Geburtstages nicht wie angekündigt von Basel, wo er als Professor lehrt, zu seiner Mutter nach Naumburg reist, hält diese ihm enttäuscht vor, dass sie sein früheres Zimmer üppig mit Blumen geschmückt habe, »auch ein Sträußchen dunkelrother Nelken fehlte nicht auf Deinem Tisch«. Ein *hortus conclusus,* vor dem Nietzsche zum Wandern ins Gebirge flieht.

In England fielen die Nelken noch in der frühen Neuzeit unter den weiten Begriff *gillyflower,* der etliche Duftpflanzen wie auch den Goldlack und die Nachtviole umfasste – als müssten sich die einzelnen Blumen erst aus einer großen gemeinsamen Duftwolke herauslösen. *Gillyflower* rührt vom französischen *giroflier* (und dem arabischen *karanfil*) für Gewürznelke her, nicht von *july,* dem Monat, in dem die meisten dieser Blumen blühen. Einige dieser *gillyflowers* kehren im magischen Kosmos des *Harry Potter* wieder. Das *Gillyweed,* in der deutschen Fassung »Dianthus«-, also Nelkenkraut, lässt für kurze Zeit Kiemen und Schwimmhäute wachsen und ermöglicht so, unter Wasser zu atmen und auch hier einen klaren Kopf zu bewahren. Dank des »Dianthuskrauts« besteht Harry Potter die zweite Aufgabe des Trimagischen Turniers, die in den Großen See bei Hogwarts hinabführt.

Ob alte Blumenmagie oder neue botanische Wissenschaft: Glückshormone begleiten die Sinnes- wie die Denkerfreuden. Und was der Erfurter Arzt Weißmantel in seinem Nelkenbuch von 1779 beschreibt, klingt eher nach dionysischem Ausnahmezustand denn nach einem ruhigen Blumistenverstand:

> *Der Geruch einer Hyacinthe ist vortreflich, ist erquickend, aber der Geruch eines blühenden Nelkenaltares ist aromatischer; er dringet bis in die subtilesten Nerven, er zwingt sich bis in die Seele hinein und begeistert. Wenn wir bey der Hyacinthe ein paar Prisen Hyacinthengeruch in die Nase und in unserm Schlafpelz genommen, und nach unserer warmen Stube hinschlupfen, um Frau und Kindern auch was von dem angenehmen genossenen zu erzählen: so rauchen wir bey unsern Nelkenflören im flüchtigsten Sommerkleide unsere Pfeiffe Tobak in Gesellschaft unserer guten Freunde bey aufgehender Sonne, und die Schönen sammlen sich bey der Abendröthe mit ihrem schleyernen Schlafhabit, um unsere Nelkenstellagen, um entweder gemeinschaftlich mit uns die göttliche Nelkenausdünstung zur Erregung eines angenehmen Traumes einzuathmen, oder für ein halbgezwungenes Mäulchen* [Kuss] *von unseren Blumen-Altären ein Opfer zu erwischen; unsere Kinder tanzen wie die Lämmer, ohnwissend, was so anzüglich für sie da ist, um unsere Nelken herum, und weigern sich ihren rufenden Müttern und Wärterinnen zu Bette zu folgen.*

»Negelein oder Grasblumen-Stengel« in Maria Sibylla Merians Neuem Blumenbuch *von 1680. Dieses bereits stark stilisierte Motiv konnte auf Kissen oder Kleidern nachgestickt werden.*

Nelkenlockung

... als dein Lager
noch naß war von Tau und die Nelke
an deinem Herzen schlief ...
INGEBORG BACHMANN

Ob das von Hans Holbein um 1535 gemalte *Portrait des Simon George of Cornwall* als Verlobungsgeschenk gedacht war? Der gut aussehende, nach der neuesten Mode gekleidete Gentleman hält eine rote Nelke zwischen den Fingern wie einen kostbaren Ring. Eine rührende Geste, doch wie hätte die umworbene Dame die Szene aufgefasst, die der Maler auf der Hutspange versteckt hat? Auf dem Hinterkopf platziert, verrät sie die Hintergedanken des adligen Herrn: Hier vergnügt sich Jupiter in Schwanengestalt mit Leda, der Frau des Spartanerkönigs. Vielleicht hatte Simon George of Cornwall das Bild für sein eigenes Kabinett bestellt und sollte die Nelke zusichern, dass er eine Heirat anstrebe, geordnete erotische Verhältnisse? Francis Ponge, für den die Nelke alles andere als eine biedere Blume ist, sieht in ihrer gefransten Blüte »Zungen zerrissen von der Heftigkeit dessen, was sie sagen wollen«.

Der aus Augsburg stammende Hans Holbein der Jüngere steigt mit solchen hintersinnigen Portraits zu einem gefragten Maler in London und zum Hofmaler Heinrichs VIII. auf. Auch auf anderen Gemälden Holbeins ist die Nelke, wie damals üblich, die Verlobungsblume, Symbol der zukünftigen Liebe, während die Rose seit jeher für eine erfüllte Liebe stand. So auf dem wenige Jahre zuvor, 1532, von Holbein gemalten *Portrait des Kaufmanns Georg Gisze,* der sich stolz in seinem Londoner Kontor inmitten seiner Gerätschaften darstellen ließ. Die drei Nelken vor ihm verweisen auf die bereits eingefädelte Verbindung mit Christine Krüger in Danzig; ihnen beigesellt ist Goldlack, Basilikum und Rosmarin als gleichfalls stark duftende, die Pest wie sonstiges Unheil abwehrende Pflanzen. Rosmarin, Symbol der Treue, wurde in der damaligen Zeit mit Nelken in Kränze gewunden, die junge Frauen bei Hochzeiten oder auf Kirchweihfesten trugen; sie symbolisierten die gezähmten Lüste.

Auf einem weiteren Gemälde von Holbein, der 1526 gemalten *Madonna des Bürgermeisters Meyer,* ist der Kranz aus Nelken und Rosmarin, den die frisch verlobte Tochter des Bürgermeisters trägt, als zusätzliche Sicherung mit dem Jungfernschapel, einem kostbaren textilen Kopfputz, umschlungen. Diese Kranzsymbolik wird noch bei den Blumenkindern von 1967 mit ihren befreiten, locker ins Haar gesteckten Blüten erkennbar sein.

Auch in Gedichten und Romanen ist die Nelke ein Symbol für die vor- oder außereheliche Liebe, eine Vor- und Neben-Rose. In Elio Vittorinis auf Sizilien spielendem Roman *Die rote Nelke* (1948) wird dem Protagonisten von einer angebeteten Mitschülerin eine rote Nelke geschenkt. Allerdings bleibt das Mädchen unnahbar, und er gibt die Nelke, Symbol des Liebesversprechens, an eine für ihn erreichbare Prostituierte weiter. Eine Schülergeschichte, durchzogen von den schwarzen Schatten, die bei einer Nelke oft nicht fern sind. Der Roman endet mit einem Trauerzug durch Syrakus.

Simon Georg mit Verlobungsabsicht. Hans Holbein d. J., um 1535.

Verliebt, verlobt als Nelke: Im Märchen *Die Nelke* der Brüder Grimm wird ein Königssohn, der als Kind »wünschliche Gedanken« zeigt, von einem bösen Koch entführt und in die Fremde geschickt; dort darf er sich ein Mädchen herbeiwünschen, das vom Koch sogleich zu einem Mordanschlag auf ihn angestiftet wird: »Diese Nacht, wenn der Knabe schläft, so geh an sein Bett und stoß ihm das Messer ins Herz.« Sie folgt diesem Auftrag nicht, widersetzt sich aber auch dem Prinzen, der sie mit zu seinem Schloss nehmen will. Da verwandelt er die junge Frau kurzerhand in eine Nelke und steckt sie sich in die Hosentasche. Nach seiner Rückkehr und der Aufdeckung aller Intrigen heiratet der Prinz »die schöne Jungfrau, die er als Blume in der Tasche mitgebracht hatte, und ob sie noch leben, das steht bei Gott«.

Auch der Firmenerbe Thomas in Thomas Manns *Buddenbrooks* führt eine Nelke in der Tasche mit sich, aber geheiratet wird eine andere als die, von der er sie erhielt. Als er sich von seinem Blumenmädchen Anna verabschieden muss, weil Geschäfte und, wie sich zeigen wird, eine vorteilhafte Heirat in Amsterdam warten, denken sie gemeinsam an ihre erste Begegnung zurück: Auf einem Schützenfest hatte er bei ihr eine Nelke fürs Knopfloch erworben, deren getrocknete Blüte er noch immer hüte, wie er beteuert, und werde sie auch mit nach Amsterdam nehmen! Und bringt sie von dort wohl wieder zurück nach Lübeck, mittlerweile verheiratet mit der reichen Gerda. Da Blumenmädchen oft der Ruf eines leichten Mädchens anhing, beteuert Thomas mehrmals: »bis jetzt hast du dich *nicht* weggeworfen …« Doch für ihn konnte ihre Liebe nur eine unverbindliche Nelkenepisode sein.

Als Gottfried Benn Anfang der Fünfzigerjahre eine ›Nelkenbeziehung‹ mit einer Westberliner Kellnerin unterhält, versucht er sich galant-naiv zu rechtfertigen: »Darf man keine Nelke pflücken, / weil man eine Rose trägt –.« Die Rose, seine Ehefrau Ilse, hätte ihn damals beinahe verlassen.

Komische Töne mischen sich in ein Nelkenerlebnis von Franz Kafka, das er in seinem Tagebuch festgehalten hat. Als er Anfang Juli 1912 Weimar besucht, erinnert ihn die Atmosphäre des Goethe-Hauses zunächst an »tote Großväter« und empfindet er die Umgebung als beinahe bedrohlich mit einem »fortwährend« wachsenden Garten und einer Buche, die das Arbeitszimmer verdunkle – der lange Schatten des Klassikers. Aber zwei Nelken, die ihm die Tochter des Hausmeisters durchs Balkongeländer reicht, beleben sofort die Situation, wecken sein erotisches Interesse. Im Garten sieht er Margarethe kurz darauf bei einem Rosenstrauch stehen; sie erlaubt ihm, auch nach Schließung hierherzukommen, scheint allerdings nicht weiter interessiert. Kafka begleitet die gerade Sechzehnjährige mit ihrer Familie nach Tiefurt und verfolgt, stalkt sie geradezu in den Straßen von Weimar. Dann sitzt er wieder zeichnend bei Goethes Gartenhaus und lauscht einem Papageien, der »Grete« ruft. Von seinem Gretchen wird er noch einige Postkarten erhalten, deren vorgestanzte Sprache er genau analysiert, um sich endgültig zu bestätigen, dass er ihr »gleichgültig wie ein Topf« ist.

Eine besondere, erlösende Liebe verspricht die Nelke wiederum in Hugo von Hofmannsthals *Märchen der 672. Nacht,* allerdings ist es die Sehnsucht zum Tode: Ein junger Kaufmannssohn zieht sich im Sommer in sein Landhaus zurück, fühlt sich jedoch immerzu von seinen Dienern beobachtet, so von zwei jungen Mädchen, als er »bei einer Nelke niederkniete, um sie mit Bast zu binden«. Auf der Suche nach der Blume, die sein Leben ändern könne, begleiten ihn die Verse: »In den Stielen der Nelken, die sich wiegten, im Duft des reifen Kornes erregtest du meine Sehnsucht; aber als ich dich fand, warst du es nicht, die ich gesucht hatte …« Von einem Kind in einen ge-

Vier edle Nelken an einem Stab, von Insekten gut besucht. Aquarell von Johanna Helena Herolt, der Tochter von Maria Sibylla Merian, 1698.

heimnisvollen Garten gelockt, trifft der junge Mann schließlich auf Wachsblumen, die ihm wie unheimliche Masken erscheinen. Auf seiner panischen Flucht gerät er absichtlich unter die Hufe eines Pferdes und stirbt an seinen Verletzungen.

Das ›Wiegen im Wind‹, das im *Märchen* als die besondere Schönheit und Lockung der Nelken beschrieben ist, taucht auch in Hofmannsthals Prolog zu *Anatol* auf, allerdings mit ganz anderen Anklängen. Die Nelken sind hier ausdrücklich »hochgestielte«, also unnatürlich aufrecht gebundene:

… Nelken wiegen sich im Winde,
Hochgestielte weiße Nelken,
Wie ein Schwarm von weißen Faltern …
Und ein Bologneserhündchen
Bellt verwundert einen Pfau an …

Vielleicht erlebt das hochgezüchtete Hündchen, das in einem Park auf den zahmen Pfau trifft, inmitten der dressierten Nelken bellend einen Moment der Wahrheit?

Zu einem Todesboten werden die Nelken bei einem anderen österreichischen Dichter und Zeitgenossen Hofmannsthals: Während seiner Abfahrt zur Front trug Georg Trakl nach der Erinnerung von Ludwig von Ficker »eine rote und bei jedem Abschiedsnicken fast gespenstisch mitnickende Nelke auf der Mütze«. Trakl stirbt kurz darauf im Herbst 1914 an einer Medikamenten-Überdosis, seelisch zerbrochen an seinen Erfahrungen als Sanitäter an der Front in Galizien. »In Nelkendüften weint der Abendwind«, so die letzte Zeile seines Gedichts *Delirium*. Das Ende des alten Europa, des Abendlandes im Großen Krieg, ein letzter Nelkenhauch.

Die Nelkenbilder

So konnte der Tag eines Philosophen im 17. Jahrhundert aussehen: Morgens beschäftigt man sich mit den Sternen, deren Lauf nachts durchs Teleskop beobachtet wird, am späteren Nachmittag beugt man sich im Garten über Nelken, eine weißrot geflammte *Miracula mundi* oder einen gesprenkelten *Spanischen Kragen,* nimmt vielleicht eine Blüte mit ins Haus, um sie abzuzeichnen, oder einige Staubfädchen, um sie unter dem Mikroskop zu betrachten. In einer posthumen Lobrede auf René Descartes heißt es: »Nachdem er morgens einem Planeten seine Bahn zugewiesen hatte, widmete er sich abends der Pflege einer Blume.« Gemeint sind hier die im 17. Jahrhundert in Frankreich beliebten Nelken, Tulpen, Hyazinthen oder Anemonen, nach dem Abbé de Vallemont »les étoiles de la terre«, die Sterne der Erde.

Wer möglichst viele, ausgefallene Sorten dieser ›Sterne‹ in seinem Garten, seinem Freilicht-Kuriositätenkabinett zog, galt als ein *curieux fleuriste,* ein philosophischer Blumenfreund. Ein *curieux fleuriste* zu sein, stand auch einem Adligen oder Fürsten gut an: Als Louis II. von Bourbon, Prince de Condé, Anführer der Fronde, 1651 aus seiner Haft entlassen wird, staunen die Besucher der Zelle über die vielen Nelkentöpfe.

Um dieselbe Zeit wird eine Nelkensammlung in Louis Boulangers Handbuch *Jardinage des Œillets* zu einem kleinen Welttheater: Vor seinen Nelken mit illustren Namen komman-

Eine beeindruckende Sammlung von Blumen-Kuriositäten, darunter Tulpen und Nelken, zeigt Jean-Baptiste Oudrys Ecke von Monsieur de la Bruyères Garten *von 1744. Eine abgefallene Nelke auf dem Marmorsockel sorgt für ein dezentes Memento mori.*

diere der Gärtner, schildert Boulanger, ganze Armeen, »ohne die Trommel zu rühren, stellt er Schweizer Regimenter auf«, regiere Städte, gründe Republiken und Königreiche, und ohne die Religion zu wechseln, sei er »heute ein Kapuziner, morgen ein Hugenotte, oder Anti-Hugenotte«. Der Nelkengärtner verwandelt sich vor dieser Miniatur-Weltgeschichte sogar in einen vermittelnden und schlichtenden Diplomaten.

Nelkenparade im Gottorfer Codex, *in dem Hans Simon Holtzbecker kurz nach dem Dreißigjährigen Krieg den Pflanzenreichtum des Gartens von Schloss Gottorf festhielt.*

Wenn sich diese Dianthomanie, also Nelkenleidenschaft, noch in einem überschaubaren Rahmen zu bewegen scheint, konnte eine in weit größerem Umfang ausgelebte Gartenlust Adlige und reiche Bürger auch ruinieren, wenn sie, wie Maria Sibylla Merian im Vorwort zum *Neuen Blumenbuch* schreibt, »die Beschauung solcher Blumen höher / als ihrer Schätze achten und lieber ihren Reichtum dann ihre Lust vermindern wollen«. So erging es dem Reichsgrafen Johann Georg Dernath, der um sein Gut Sierhagen in Holstein einen großen Garten anlegen ließ; diesen floralen Reichtum sollte das 1720 vom Maler Johann Gottfried Simula angefertigte Album *Flora exotica* dokumentieren, während der monetäre dahinschwand. Nur wenige Jahre später war der Reichsgraf bankrott und stand die Orangerie mit allen Gewächsen zum Verkauf, darunter Hunderte von Nelkensorten, auch selbstgezüchtete wie die *Croon von Sierhagen* oder das *Juwel von Sierhagen*.

Diese ›Juwelen‹ blieben immerhin in Abbildungen erhalten, denn wer es sich leisten konnte, ließ die seltenen Pflanzen seines Gartens und eigene Nelken- und Tulpenzüchtungen abzeichnen und kolorieren – als ein ›Florilegium‹, ein gemalter Garten, der im Winter betrachtet und vor Besuchern aufgeblättert werden konnte. Darin fanden sich die vergänglichen Schönheiten »mit klugen Farben fast verewigt, so, daß sie sonder Welken währen«, wie Brockes von den Florilegien des Markgrafen Karl von Baden schreibt, den er in seinem Nachruf, selbst *Unverwelklich blühendes Ehrenmal* betitelt, als den größten Blumenfreund unter Deutschlands Fürsten preist. Die Blumenaquarelle von Georg Flegel entstanden Anfang des 17. Jahrhunderts wohl als Blätter für Florilegien; botanische

Einzelheiten wie das Wurzelwerk interessierten nicht wie noch in den Kräuterbüchern des 16. Jahrhunderts. Und Maria Sibylla Merians *Neues Blumenbuch* war von ihr selbst als Vorlage für Stickereien gedacht: Akkurat vorgezeichnet und nachgestickt holte man sich die Blumen unverwelklich ins Haus.

Eine der wichtigsten Quellen für die Geschichte der Gartenpflanzen, der berühmte *Hortus Eystettensis,* wurde um 1613 als ›gemalter Hortus‹ für den Bischof von Eichstätt in Kupfer gestochen und gedruckt; die Tafeln, darunter zwölf allein mit Nelken, zeigen die Pracht seines Gartens kurz vor Ausbruch des Dreißigjährigen Krieges, in dem dieser völlig zerstört wird wie andere große Anlagen in Deutschland auch. Der Nelkenhändler Hans Georg Kraus aus Augsburg flieht ins Ausland und legt in Schweden neue Gärten an. Nach dem Westfälischen Frieden kehrt er zurück und nimmt den Versand wieder auf; einige der in seinem Katalog von 1665 genannten Sorten finden sich noch in Brockes' um 1720 entstandenem großen Poem *Die Nelcken,* so die nach dem römischen Kriegsgott benannte Sorte *Mars,* die »*hoch* carmansin *roth*«, wie es bei Kraus heißt, über den vergangenen Kriegen weht.

Unzerstört bleiben die Gärten von Schloss Gottorf mit über tausend Pflanzenarten, von denen zahlreiche, auch Nelken, in den Jahren 1649–59 im Auftrag des Herzogs Friedrich III. von Schleswig-Holstein-Gottorf von Hans Simon Holtzbecker für den *Gottorfer Codex* abgemalt werden: wieder ein Florilegium für einen Herrscher, der als ein *curieux fleuriste* gelten wollte, wie dies von Kleists Kurfürst von Brandenburg oder den preußischen Herrschern vor ihm nicht angestrebt worden war. Für

Balthasar van der Ast zeigt die hohe Kunst der niederländischen Blumenmalerei wie Nelkenzucht Anfang des 17. Jahrhunderts. Auch die Szene auf der Wan-Li-Vase kündet von sublimierter Natur.

den Garten von Schloss Fehrbellin, dem Schauplatz von Kleists Drama, sind weder südlicher Lorbeer noch duftende Blumen vorgesehen. Der historische Große Kurfürst war jedoch während des Dreißigjährigen Krieges in den Niederlanden gewesen und mit einigen botanischen Kenntnissen zurückgekehrt. Er ließ den Lustgarten in Berlin neu anlegen und holte holländische Blumenmaler ins Land.

Die damals sehr gefragten Stillleben aus den Niederlanden zeigen die Schönheit und Pracht der irdischen Welt, indem sie Blumen aller Jahreszeiten in einer einzigen Vase zusammenführen, und warben damit nicht zuletzt für das Sortiment der Auftraggeber wie der Blumenhändler von Haarlem. Auf Stillleben des Balthasar van der Ast finden sich exquisit gebänderte Nelken, die ebenso wertvoll wie die chinesische Porzellanvase zu sein scheinen, in der sie präsentiert werden. Oft liegt jedoch eine einzelne Nelke auf der Steinplatte, aus dem Strauß, dem vollen Leben, gefallen, und weist neben dem obligaten Riss im Stein auf die Vergänglichkeit aller Dinge. Die Nelke ist für die Rolle des Bouquetflüchtlings gut gewählt: Sie hält sich lange ohne Wasser.

In den Gemälden jener Epoche sind die Blumen mit all diesen Eigenschaften detailgenau wiedergegeben, »nach dem Leben abgemalt« (Brockes), und zugleich von Symbolik durchdrungen. Auf Stillleben von Georg Flegel begleitet eine einzelne Nelke eine schlichte Mahlzeit mit Brot und Wein, obgleich weder die Nelkensorte noch das Glasgefäß hier schlicht sind und sich ein höherer Dreiklang aus Brot, Wein und der Nelke als Christus-Symbol zeigt.

Die Nelken spielen mit im großen Konzert des Blumenbouquets und schlagen bei aller Kunst des Gärtners doch einen eigenen Ton an, in dem ihr Zweitname ›Grasblumen‹ mitschwingt. Denn wie die Verse aus dem Petrusbrief, das Lieblings-Bibelwort des Carl von Linné, verkünden: »Alles Fleisch ist wie Gras und alle Herrlichkeit der Menschen wie des Grases Blume. Das Gras ist verdorrt und die Blume abgefallen.«

Und so könnte das Lebensende eines *curieux fleuriste* ausgesehen haben: Er blickt in den eigenen Garten, dessen schönste Gewächse, von einem guten Maler naturgetreu gezeichnet und koloriert, in Leder gebunden neben sich. Die Welt ist eitel. Eitel und schön.

Federnelken, die neben den Gartennelken gut bestehen: Sir Walter Scott, Duke of St. Albans *und eine rosafarbene* Anne Boleyn, *überragt von der natürlichen Art. Illustration von Jane Loudon, 1843–44.*

Nelkenversuche

Die wunder-volle Spur
Der bildenden Natur

BARTHOLD HEINRICH BROCKES, *Die Nelcken*

Isaac Newton hatte sich entschuldigen lassen, der über Siebzigjährige fühlte sich nicht wohl. Statt seiner führte der Vizepräsident Hans Sloane die Sitzung der Royal Society am 4. Februar 1720, zu der man Thomas Fairchild eingeladen hatte, einen Gärtner aus dem Vorort Hoxton. Fairchild war kein Mitglied der erlauchten Gesellschaft, jedoch bekannt für seine fortschrittlichen Anbaumethoden und seine Pflanzensammlung: Er bezog alle Neuheiten aus den Niederlanden, dem damals führenden Land in der Botanik und der Blumenzucht, und erprobte bislang unbekannte Gewächse aus den englischen Kolonien und aus Asien wie die Chinesische Nelke, der letzte Schrei aus Paris.

Doch was Thomas Fairchild in dieser Sitzung präsentieren sollte, war etwas noch nie Gesehenes, eine Neuschöpfung aus England selbst: eine Kreuzung aus Garten- und Bartnelke, die wie eine ganz neue Nelkenart aussah. Seit mehr als drei Jahren hatte Fairchild in seinem Garten mit künstlicher Nelkenbefruchtung experimentiert. Vor den Mitgliedern der Royal Society bemühte er sich jedoch zu versichern, dass die neu geschaffene Pflanze rein zufällig entstanden sei. Die beiden Nelkenarten wuchsen nahe beieinander. Dass Nelken sich leicht untereinander mischen, war bekannt, nur nicht, dass es möglich war, die Grenzen einer Art zu überschreiten, Gottes Schöpfung im Wortsinn zu durchkreuzen. Hatte Gott nicht alle Pflanzen- und Tierarten am dritten Tag erschaffen? Selbst Newton zweifelte nicht an der Gültigkeit des biblischen Worts.

Während die getrocknete Pflanze herumgereicht wurde, erläuterte Fairchilds Mentor Robert Blair die geschlechtliche Vermehrung von Blumen; von dort ging er auf sicheres Terrain, zum Säftekreislauf der Pflanzen und Bäume über. Die Erzeugung einer Hybride, einer Kreuzung verschiedener Arten und Gattungen, grenzte an Blasphemie und wurde bisweilen so heftig diskutiert wie dreihundert Jahre später gentechnisch veränderte Pflanzen.

Doch bleibt die Geschichte der europäischen Gartenpflanzen fortan von Hybridzüchtungen bestimmt: Bekannte Hybriden sind Jostabeeren und Nektarinen, und auch die meisten Nelken, die heute angeboten werden, gehen aus solchen Versuchsreihen hervor, als man zum Beispiel das Merkmal einer mehrmaligen Blüte oder straffen Wuchses verstärken wollte. In China war die Hybridisierung von Kamelien und anderen Blumen bereits seit Jahrhunderten gängige Praxis.

Während Thomas Fairchild in seinem Garten mit Garten- und Bartnelken experimentierte, stellte in Hamburg der Dichter Barthold Heinrich Brockes, Ratsherr und Diplomat seiner Heimatstadt sowie Herr über einen großen Garten, den ersten Band seines großen Epos *Irdisches Vergnügen in Gott, bestehend in Physicalisch- und Moralischen Gedichten* zusammen. Alle Blumen in seinem Garten wie in freier Flur bedenkt er darin mit großen Lobgedichten, die eine anschauliche Beschreibung noch so kleiner Details wie Blütenformen und Wuchseigenheiten mit einem Lob des weisen Schöpfers vereinen: eine kunstvolle Abschilderung des Diesseits als ein »irdisches Vergnügen«, das für Brockes jedoch immer nur Vorschein künftiger Freuden im Himmel sein kann.

Auch der Nelke widmet Brockes ein großes Poem, in dem nicht nur der Reim der »Nelcke Pracht« mit »Gottes Macht« verbindet. Als Brockes bzw. sein lyrisches Ich Lysander von seinem Gärtner ganze 92 Nelken im Gras ausbreiten lässt, erheitert ihn insgeheim dessen Aussprache von *Malborough, Duc de Savoye* oder *Belle d'Hambourg*. Doch bringt der Dichter selbst diese Nelkennamen in eine gereimte, feierliche Abfolge und versichert, dass erst die Namen ihm die Augen geöffnet hätten für die verborgenen Wunder. So preist er

Des Reichthums Unerschöpflichkeit,
Der Röhte Meng' und Unterscheid,
Die ob sie gleich so vielfach schön,
Da die Verändrungen sich täglich häuffen,
(O Wunder! so kaum zu begreiffen)
Doch aus zwey Farben nur bestehn,
Denn bloß aus Roht und Weiß allein
Vermischt sich aller Nelcken Schein.

Dass Nelken von einer Blumengeneration auf die andere neue Farben und Muster hervorbringen, ist für Brockes eine weitere, von Gott gelegte »wunder-volle Spur«. Ausführlich und streng paarweise gereimt erklärt er den Unterschied zwischen Samen- und Stecklingsvermehrung; er widmet sich allen Teilen der Pflanze, dem schmalen Stängel, den kleinen Verdickungen in einer Genauigkeit und zugleich metaphysischen Befragung, wie man sie erst wieder in dem rund zweihundert Jahre später entstandenen Prosastück *L'Œillet* von Francis Ponge findet.

Die gezielte Vermischung von Samen, also künstliche Befruchtung innerhalb der Art der Gartennelke, war bereits seit über zweihundert Jahren gängig. Ohne sie wären aus den roten und weißen Sorten, den ursprünglichen Mariennelken, nicht die vielen Variationen an Farbtönen und Zeichnungen entstanden. Stets eilte die Praxis der theologischen oder ethischen Deutung und Rechtfertigung voraus.

Am Anfang des 18. Jahrhunderts wird für alle schönen Blütenvarianten noch Gott gedankt: »Kann der Stoff der schwartzen Erden / So gefärbt, ohn Allmacht, werden?«, fragt Brockes, für den die Antwort immer klar ist. Hundert Jahre später sieht man in der *Oeconomischen Encyklopädie* eine Natur am Werk, die »bey den cultivirten Pflanzen so endlos spielt«, obwohl es längst der Mensch ist, der würfelt – bei der Nelke seit ihrem Auftritt als ›zam negelein‹ .

Beinahe wären sogar die über mehrere Pflanzengenerationen unsichtbar wirkenden Gesetze der Vererbung von einem evangelischen Pfarrer bei Nelken und nicht von einem katholischen Geistlichen bei Erbsen aufgedeckt worden.

In einem Zusatz zu seiner *Aesthetik der Blumen* (1786) beschäftigt sich Ludwig Christoph Schmahling, evangelischer Theologe und enthusiasmierter Blumist aus dem Harz, bei der Beantwortung einer Leserzuschrift mit der manchmal rätselhaften Vererbung von Blütenfarben: Wie es sein könne, fragt

Nelken statt Erbsen: Rautenbachs Versuchsreihen zur Vererbung der Blütenfarbe.

da ein wissbegieriges Mitglied einer wachsenden, an Blumenthemen interessierten Gemeinde, dass eine rote Nelke weiße Nachkommen habe? (Bei solchen Fragen wandte man sich also an seinen Pfarrer.) Schmahling sinniert darüber, dass eine rote Nelke durchaus Weiß in sich tragen könne – aber wahrscheinlich, schließt er, war es doch der Blütenstaub aus Nachbarsgarten.

Bei Experimenten mit Nelken, die durch eine Preisfrage zur Farbveränderung bei Blumen angeregt worden waren, kommt der Zeichenlehrer Carl Leopold Rautenbach aus Soest im Jahr 1832 den genetischen Gesetzmäßigkeiten sehr nahe, die einige Zeit später der Augustinermönch Gregor Mendel an Erbsen dokumentieren wird. In seinen Versuchsreihen unterbindet Rautenbach jede Selbst- wie Fremdbestäubung von Vater- und Mutterblumen und nimmt gezielte künstliche Befruchtungen vor. Die Blütenfarben der so gezeugten Kinder hält er in Aquarellen fest. Leider seien ihm, schreibt er, die Notizen aus der »ersten und größeren Hälfte« seines »Nelkenlebens« verloren gegangen, aber unabhängig von der Zahl der Versuche bleibe »der Gang der Farbänderung« immer gleich. Damit nimmt Rautenbach dreißig Jahre, bevor Mendel damit beginnt, in einem Klostergarten in Brünn Erbsen zu pflanzen, ein grundlegendes Prinzip der Vererbungslehre vorweg.

Auch für Goethe war die Nelke trotz allem Vorbehalt während seiner Zeit in Italien ein wichtiges Studienobjekt. Im Garten der Malerin Angelica Kaufmann oberhalb der Piazza di Spagna in Rom erblickte er eine »monströse Nelke« – vermutlich eine durchgewachsene Nelke, bei der aus einer Nelkenknospe eine weitere wächst. Bei Abzeichnung einer solchen Abnormität entwickelte er seine von zeitgenössischen Botanikern bereits stark angezweifelte Hypothese »Alles ist Blatt«, die im Zentrum seiner Schrift *Versuch die Metamorphose der Pflanzen zu erklären* von 1790 steht. An der darin oft genannten Nelke exemplifiziert er seinen Gedanken der vorwärts- wie rückwärtsschreitenden Metamorphose:

So läßt sich zum Beispiel an den Nelken, diesen eben wegen ihrer Ausartung so bekannten und beliebten Blumen, oft bemerken, daß die

Samenkapseln sich wieder in kelchähnliche Blätter verändern ... ja es finden sich Nelken, an denen sich das Fruchtbehältnis in einen wirklichen vollkommenen Kelch verwandelt hat ...

›Monstrosen‹ wurden auch die stark gefüllten Blumen des 17. Jahrhunderts von ihren Gegnern genannt oder ›Bastarde‹, ein älterer Ausdruck für Hybride, botanischer ›Mischling‹.

Shakespeare gibt den Nelkenkritikern in seinem 1610 entstandenen Schauspiel *Wintermärchen* eine Stimme. Da beklagt die unerkannt bei Schäfern aufwachsende Königstochter Perdita, dass die Nelke zwar ein hübscher Anblick, aber kein legitimes Naturkind, kein heimisches Gewächs sei, sondern der Natur von Menschenhand, von der Kunst aufgezwungen. Im ausgehenden Sommer, so Perdita, »sind die schönsten Blumen der Jahreszeit unsere Nelken und unsere gestreiften Gartennelken, die manche der Natur Bastarde nennen: diese Sorte trägt unser ländlicher Garten nicht; und mir liegt nichts daran, Ableger davon zu bekommen«.

Perdita selbst bevorzugt neben Lavendel und Majoran die von jedem züchterischen Eingriff unberührte Ringelblume. Polixenes entgegnet, dass die Kunst im Fall der Nelken der Natur bereits inhärent sei, der Mensch nur zum Vorschein bringe, was in den Blumen angelegt ist, und dass hier nicht anders verfahren werde als beim üblichen Propfen von Bäumen: »... doch wird die Natur durch kein Mittel besser gemacht, es sei denn, daß Natur dieses Mittel macht ... die Kunst selbst ist Natur«, so seine dialektische Antwort.

In diesem Sinne versteht auch Brockes die Wandelbarkeit der Nelken: Es werde ihnen von Gärtnerhand nur etwas ent-

Hier hat der Mensch lange gespielt: Picotten, Bizarden und links ein orangeroter Feuerfax, auch Tuschblume genannt. Aquarell von Caroline Maria Applebee, 1843.

lockt, was als »wunder-volle Spur« in ihnen verborgen ist. Auch die Farbe Gelb, die im 17. Jahrhundert wohl mit einer in Schlesien entwickelten Nelke ins übrige Europa gelangte, kommt bei einer Wildart vor, der Schwefelnelke. In der ersten Hälfte des 18. Jahrhunderts waren gelbe Nelken heiß begehrt;

von Anna-Magdalena Bach, der zweiten Frau des Komponisten, ist überliefert, dass sie alle Hebel in Bewegung setzte, um an gelbe Sorten zu gelangen.

Der Nelkenexperte Rautenbach spekuliert jedoch darüber, dass diese gelbe Gartennelke nur durch eine Bestäubung mit dem »Pollen einer Nicht-Nelke, aber gelben Blume« entstehen konnte, also durch Hybridisierung mit einer anderen Gattung. Er sieht am Horizont bereits die blaue und, als Vermischung von Gelb und Blau, die grüne Nelke erscheinen.

Die blaue Nelke war Ende des 18. Jahrhunderts zur Obsession der Blumisten geworden, als ob all die gelben, kupfernen bis extravagant grauen Farbspiele in den Nelkentheatern nicht mehr genügten. 1797 berichten in den *Annalen der Gärtnerey* ein Prediger, ein Premier-Lieutenant und ein anonymer Adliger von ihren versuchten »Schwängerungen« einer Nelke mit dem Samen von blauen Blüten wie Kornblumen. »Aber nicht ein himmelblauer Punkt oder Strich kam zum Vorschein«, muss Pastor Rudolphi aus Meißen gestehen. Er rät, den »Vernunft=Pinsel«, den Haarpinsel zur künstlichen Befruchtung, zur Seite zu legen und auf den Wind, auf die Schmetterlinge, Bienen und Käfer zu vertrauen; in fünfzig Jahren werde dann im allmählichen Fortschreiten der Natur gewiss eine blaue Nelke im Beet sprießen

Zur gleichen Zeit lässt Novalis seinen Romanhelden Heinrich von Ofterdingen von einer blauen Blume träumen, die ihm mehr wert sei als bürgerlicher Besitz: »… fern ab liegt mir alle Habsucht: aber die blaue Blume sehn' ich mich zu erblicken.« Die blaue Blume wird für ihn wie für andere Dichter der Jenaer Frühromantik zum Sinnbild einer erträumten, doch kaum erreichbaren Einheit von Natur und Mensch, beseelter und unbeseelter Welt an der Epochenwende, kurz vor Anbruch des von vielen vorausgeahnten Zeitalters der Maschinen.

Eine blaue Nelke wird schließlich erst Ende des 20. Jahrhunderts durch einen gentechnischen Eingriff, die Einschleusung eines Petunien-Gens, erreicht. Einige dieser blauen oder eher violetten *Moon*-Nelken dürfen in Deutschland verkauft, aber nicht vermehrt werden. Nicht nur die Gene für die Blütenfärbung wurden verändert, sondern auch jene, die das Welken bewirken, um eine Haltbarkeit zu erzielen, die weit über die übliche Blumen-Lebensdauer hinausgeht. Diese mit »*excellent vase life*« beworbenen blauen Nelken lassen sich nur noch durch eine Probe mit dem Fingernagel von Kunstblumen unterscheiden. Aus der blauen Blume der Utopie wurde ein florales Requisit.

Aber was ist nun der Unterschied zwischen der forcierten Züchtung durch Gentechnik und einer langsamen Veränderung mittels Selektion und Hybridisierung? Vielleicht zielt die Gentechnik auf etwas, das über Jahrtausende nicht durch natürliche Mutation hervorgebracht wird, das nicht irgendwann »aus dem Samen fällt«, wie der Blumist sagt. Wann ist es zu viel der Kunst und bleibt die Natur zurück: der Geschmack eines Pfirsichs, der Duft einer Blume und die Schönheit einer Nelkenblüte, die aus ihrer Vergänglichkeit im Wortsinn erwächst?

Vom Menschen an die Leine genommen, folgt ihm willig die Nelke, bis die Mode vorüber ist und die Blume für ihre vermeintliche Charakterlosigkeit abgestraft wird, nicht der nach immer neuen Reizen verlangende Mensch.

Das Nelkentheater des Blumisten

In seinen *Nachrichten aus dem Blumen-Reiche* für das Jahr 1785 blickt der evangelische Theologe Ludwig Christoph Schmahling auf sein bisheriges Leben zurück und schildert, was ihn von seiner Tätigkeit als Prediger, Schulinspektor und Verfasser erbaulicher Schriften ins »Reich der Flora« hinübergezogen hat. In nahezu Faust'schen Worten bekennt er: »Ich hatte schon das männliche Alter erreicht, und mich bißher mit der Religion, mit den Wissenschaften, mit den Sitten der Menschen, und dem Ackerbau, als ein Prediger auf dem Lande beschäftigt. Und nun sahe ich eine schöne Nelkenflor, als ich einen Freund besuchte …« Da ist es um ihn geschehen, und er beschließt, sein Leben fortan den Nelken zu widmen, lässt sich Ableger schenken, kauft andere dazu und verbindet Dienstreisen mit dem Besuch berühmter Gärten und Nelkentheater.

Er ergibt sich der Magie der Blumen, die er immer wieder theologisch einfängt. Auch der Wissenschaft bleibt er treu, bezeichnet Nelken einmal als »hydraulische Maschinen« und lässt zwischen Blumenzeilen sein Interesse an Phänomenen der Elektrizität aufblitzen. Aber für ihn hat Carl von Linné das Reich der Natur hinreichend erforscht und kartografiert, und waltet über aller wissenschaftlicher Erkenntnis doch immer ein noch »größerer Verstand«. Den Blumen widmet er sich in erster Linie als Liebhaber – die Blumisterei ist für ihn sogar die »liebenswürdigste Thorheit« seines Jahrhunderts – und als

Sittenkritiker, denn in dieser »vortrefflichsten Provinz des Naturreichs« findet er die eigene Zeit gespiegelt: eine Epoche der steten Verbesserung der Sitten und der Künste unter Führung der Vernunft und des zurückgedrängten Aberglaubens. Seine Gedanken über Blumen verkaufen sich auf jeden Fall besser als seine theologischen Schriften, und so gründet Schmahling eine der ersten Gartenzeitschriften Deutschlands, die *Nachrichten aus dem Blumen-Reiche,* bei deren Redaktion er noch 1789 voller Blumen-Idealismus über die allmähliche Vervollkommnung der Blumen wie die seiner Gegenwart im Einklang mit der göttlichen Schöpfung sinniert, als von Paris aus die alle Ordnungen erfassenden revolutionären Erschütterungen bereits zu spüren sind.

Die Nelke war längst eine Bürgerblume geworden, denn Platz für einige Töpfe ist auch in der kleinsten Hütte. Friedrich Hölderlin erinnert sich in dem Gedicht *Einst und jetzt* an ein bescheidenes Glück: » – herrlicher Augenblick! / Da füttert' ich mein Hühnchen, da pflanzt' ich Kohl / Und Nelken …« Nutz- und Lustgarten sind hier auf das Wesentliche reduziert.

Christoph Martin Wieland entwirft in einem seiner *Briefe von Verstorbenen* von 1753 (Theagenes an Alcindor) sogar die Utopie eines Planeten, der nur für den Geruchssinn geschaffen ist, auf dem aber die Rose als »Königin unter den Blumen« entthront wurde. Statt der Monarchie der Rose herrscht auf diesem in der weiten Fantasie des Dichters schwebenden Trabanten eine Republik gleichrangiger Duftpflanzen, die gleichwohl noch, gemäß dem Bildungsgedanken der deutschen Klassik, einer Veredelung entgegensehen, dem Sieg des Geistes über die Materie:

Pierre Bulliard erklärt in seiner Flora parisiensis *von 1778 anhand der Nelke das Linné'sche System, das sich an den Fortpflanzungsorganen der Blumen orientiert.*

... Hier ist die lächelnde Rose,
Nicht wie im Frühling der Erde, die Königin unter den Blumen;
Jede mit süßer Kraft beseelte Blume des Erdreichs
Düftet hier einen noch süßern Athem; Viol' und Narcissen,
Hyacinthen und Nelken sind unter den edleren Pflanzen
Bloßes Gras, ... Auch sind sie aus feinerem Stoffe
Geistig gewebt; anstatt zu verwelken, zerfließen sie langsam
In die ambrosische Luft.

Am Beispiel der Aurikel, einer weiteren sehr beliebten Bürgerblume, propagiert Immanuel Kant in einem berühmten Gleichnis über Erziehung die bunte Vielfalt durch Samen- gegen eine eintönige Stecklingsvermehrung und damit eine bürgerliche Chancengleichheit gegen die durch Geburt weitergegebenen Adelsprivilegien.

Mit dem gleichen Eifer, mit dem Schmahling als »Prediger auf dem Lande« versucht hatte, das Leben seiner Gemeinde zu verbessern und die Kindersterblichkeit zu senken, widmet er sich jetzt den Fortschritten in der Blumenwelt. Und die Nelke ist für ihn hier leuchtendes Beispiel, die ›Blüte‹ seines aufgeklärten Jahrhunderts, ihre jetzige Erscheinung ein Abbild der mit den »vereinigten Kräfte des Menschen und der Natur« erreichten Kulturstufe. Früher seien Nelken »unregelmäßig gezeichnet«, hässlich gefleckt gewesen; mittlerweile würden jedoch die schönsten Ergebnisse der Illumination, also der Färbung, der Zeichnung und der Proportionen erreicht.

Wenn auch der Duft der Nachtviole, befindet Schmahling, noch eindringlicher sei, so sei dieser doch für ein »schwaches Gehirne« kaum zu ertragen und die Blume selbst unansehnlich. Um seine Nelkentöpfe hingegen, die Duft und Schönheit, im höheren Sinne Natur, Kultur und Sittlichkeit vereinen, lässt der fromme Mann sogar Tänze zu: »Wir weideten daran unsere Augen, tanzten um die schönen Kinder der Flora herum, freuten uns und lobten unsern Schöpfer, der so viel zu unsern Vergnügen erschaffen hat, aßen und trunken, und mischten einmahl einen guten Tag in das mühseelige Leben.«

Auch die griechischen Philosophen haben sich laut Schmahling bereits um Blumenbeete versammelt; er selbst begreift den Kreis der Blumenfreunde zwar nicht als ein politisches Bündnis, aber als eine Art »unsichtbare Kirche« oder geheimen Orden. Und tatsächlich war die Nelke ein Symbol in Freimaurerkreisen: Die Freimaurer in Meiningen nannten sich »Charlotte zu den drei Nelken«, während in Weimar der Orden »Anna Amalia zu den drei Rosen« zusammenkam.

Ausführlich berichtet Schmahling von einer Blumenreise von seinem Wohnort im Harz nach Erfurt. Dort suchte er die erste blumistische Gesellschaft Deutschlands auf, die aus nur drei Mitgliedern, Honoratioren der Stadt, bestand. Ziel dieser Vereinigung sei, sich über die eigenen Erfahrungen als Blumenzüchter und über die neuen Entwicklungen in anderen Teilen Deutschlands wie in Holland und England auszutauschen. Schmahling lobt nicht nur das blumistische Bewusstsein, sondern auch die religiöse Toleranz in der Domstadt; er selbst, der protestantische Schulinspektor, hatte einen katholischen Knecht bei sich.

Diese drei Erfurter Blumisten hatten die »Provinzen des Reichs der Flora« unter sich aufgeteilt: Baron von Piper war für die Hyazinthen und Tulpen zuständig, Kanonikus Spönla für die Aurikeln und der Arzt Weißmantel für die Nelken. Auch hier scheint die Rose vom Thron gestürzt worden zu sein und wachsen bürgerliche Blumen in möglichst großer und schöner Vielfalt heran. Es fehlte der deutschen Blumistik nur an »Englischen Lords, an Englischen Guineen und holländischen Ducaten«, wie Weißmantel in seinem Nelkenbuch hellsichtig bemerkt.

Weißmantel scheut auch nicht das Wort »Blumenrepublik« im ideellen Sinn. Diese Blumenrepublik scheint in Deutschland verspätet mit der bürgerlichen Kultur aufzublühen, als eine versprengte, eifrig korrespondierende und disputierende Gesellschaft. In England bildeten die Blumengesellschaften bereits viel früher einen Teil des städtischen Lebens, mit Straßenumzügen und den damals schon beliebten *shows,* die Ausstellung und Wettbewerb zugleich waren. So trafen sich manche *florists' societies* einmal im Jahr, um nach einem guten Essen die mitgebrachten Tulpen- oder Nelkentöpfe zu begutachten und den Züchter der schönsten Blumen mit einem Silberlöffel auszuzeichnen. Die Blumenfreunde in Deutschlands Kleinstaaten verstanden sich dagegen als einen höheren geistigen Bund; es herrschte der Sammeleifer einzelner Züchter und ein akademisches Selbstverständnis.

Um sich Nelkenist nennen zu können, sollte man, so Weißmantel, mindestens zehn Jahre Nelkenerfahrung zusammenbringen. Dann wäre an der »Nelkenfacultät« vielleicht eine Magister- und Doktorwürde möglich. Weißmantel betont, dass ihre blumistische Gesellschaft nur Herren von Stand mit Vermögen und Bediensteten aufnehme, welche die Blumenzucht und den Versand von Nelkenabsenkern oder Hyazinthenzwie-

Gerätschaften für den ambitionierten Nelkenisten: Winterquartier, Sonnenhütchen, Stifte für Absenker, Stab und Drähte sowie eine Manschette zur Präsentation der Blüte.

beln als Liebhaberei betrieben. Man setzte sich vom gemeinen Ackerbauern oder Kleinbürger ab; für den waren nach Meinung der bürgerlichen Nelkenisten die schlichten, unveredelten Nelken gerade richtig.

Einer dieser blumistischen Einzelkämpfer in den deutschen Kleinstaaten war Heinrich Christian von Brocke, der am Braunschweigischen Hof mit seinen Vorschlägen für eine nachhaltige Forstwirtschaft vergeblich gegen die alten Privilegien angerannt war und sich schließlich in die Welt seiner Blumenbeete und Nelken- wie Aurikeltheater zurückgezogen hatte. In seinen 1769 veröffentlichten *Beobachtungen von einigen Blumen, deren Bau und Zubereitung der Erde* erörtert er mit betont wissenschaftlichem Ernst – Gärtnern nach dem Mond hält er für Schimären – die Pflege der wichtigsten Gartenblumen seiner Zeit. In der zweiten Auflage von 1771 fügt er eine Passage über die gelben Nelkensorten ein, denn: »Aller Blumisten Verlangen war, eine gelbe Nelke zu haben.« Bis die Natur der »Caprice der Menschen« nachgab und eine gelbe Nelke heranwachsen ließ, die *Josephs-Rock* genannt wurde, die jedoch nicht mehr, so Brocke, als ein schmutziges, mit roten Schlieren durchzogenes Gelb zeigte. Mittlerweile gebe es jedoch sehr schöne gelbe Sorten; ein in Schweinfurt lebender Bäckermeister namens Knessel hatte sogar 60 teilweise fünffarbige Spielarten im Angebot, die auch Brocke bei ihm bezog. »Nach dem letzten Kriege aber«, fährt er fort, »schrieb ich wieder an denselben, er ist aber schon mit allen seinen Blumen todt.« War es der Siebenjährige Krieg von 1756 bis 1763, der die Korrespondenz und den Pflanzenversand unterbrach? Hatte man dem blumistischen Bäcker alle seine Nelken mit ins Grab gegeben oder sind sie nach seinem Tod eingegangen, weil sich niemand mehr darum kümmerte? Hier entspricht die Vergänglichkeit der Blumen der des menschlichen Lebens, und Brocke scheint davon so beeindruckt gewesen zu sein, dass er der Neuauflage Verse von Barthold Heinnrich Brockes voranstellt:

Ach! Daß du darum dich beschwerest,
Daß Blumenpracht so flüchtig ist!
Daß du ja selbst nicht länger währest,
Und eben so vergänglich bist.

Als Heinrich Christian von Brocke 1778 stirbt, lässt seine Familie seine über tausend Aurikel- und Nelkentöpfe sogleich versteigern. Auch die ähnlich umfangreichen Sammlungen von Weißmantel in Erfurt und Wedel in Jena werden kurz nach dem Tod ihrer Gärtner aufgelöst: Die Witwe Weißmantels versucht 1790, die 600 Sorten umfassende Nelkensammlung ihres Mannes dem Weimarer Herzog Karl August gegen einen hohen Geldbetrag oder eine jährliche Rente anzubieten, der winkt jedoch ab. Nach dem Tod von Wolfgang Wedel sucht dessen Witwe in einer Anzeige nach einem Käufer für das umfangreiche Sortiment an Nelken, Pelargonien und Stapelien, aus dem in die »entferntesten Gegenden« versandt werde. Sortimente alter Nelken sollen noch bis zum Zweiten Weltkrieg in Erfurt, Arnstadt und Stuttgart existiert haben. Den inoffiziellen Titel »Nelkenstadt« führte jedoch lange Zeit Blomberg im Kreis Lippe; von dort wurden bis zum Ersten Weltkrieg Nelkenstecklinge bis nach Russland und Japan verschickt. Im Katalog der Firma Gronemann aus Blomberg für das Jahr 1895 trifft eine

Nelke namens *Kleist* »(engl. weiss mit hellcerise)« auf *Wilhelm I.* »(dunkelsammetpurpur)« und *Fürst Bismarck* »(purpurbraun)«. Von einem leichten Kirschrot, dem patriotischen Anflug bei Kleist, bis zu einem tiefen Purpur, dem verstärkten Nationalismus Ende des 19. Jahrhunderts – auch hier spiegelt sich in der kleinen Nelkenblüte die große Geschichte.

Johann Niklaus Weißmantel hatte 1779 ein umfangreiches Werk über Nelken veröffentlicht, das bereits von der zeitgenössischen Kritik als ausufernd und allzu emotional kritisiert wurde. Was Weißmantel nicht hinderte, vier Jahre später auch über die Aurikeln zu schreiben, wieder in einer Breite wie keiner vor und keiner nach ihm. Ein Band über die Hyazinthen bleibt unvollendet.

Man kann sich bei der Lektüre seines Nelkenbuchs vorstellen, wie er, rechthaberischer Philister und sympathischer Fantast, seinen Hausstand in Atem hielt: im Sommer mit dem Gießen, der Vermehrung, dem Kampf gegen die Blattläuse, dem Hin- und Herrücken von der Sonne in den Schatten, von Morgen- zu Mittagsseite der über 600 Töpfe. Im Winter mit der Zubereitung der richtigen Blumenerde und der Zusammenstellung eines Katalogs mit gepressten oder gemalten Nelkenblüten, für die er wie andere Blumisten die Ehefrau und die Töchter heranzog, während man draußen im Hof die Hühner über die ausgebreitete Erde jagte, damit diese die Würmer herauspickten, und sogleich wieder von der künftigen edlen Nelkenerde verscheuchte. Seine Bediensteten hielten diese Sorgfalt offensichtlich für übertrieben, wie auch den Auftrag, ältere Maulwurfserde, geschlemmten Sand und in der Sonne gedörrte

Ein Nelkentheater mit mehreren Bühnen und sachkundigem Publikum im Garten zu Heuslingen, 1810.

Kuhfladen zu beschaffen, sodass Weißmantel für diese Arbeit schließlich Taglöhner anwerben musste. »... was der Doctor mit dem Zeuge machen wollte«, hört er die Leute fragen und darauf antworten, »daß wol Schnupftabak, Spiritus oder Öl daraus destiliert werden sollte.« Doch alle diese Maßnahmen, so Weißmantel, dienten allein »der Herfürbringung des Schönen«.

Dieses Schöne musste zugleich auch etwas Neues bieten, denn für die Blumisten gilt »das was sie in allen Gärten sehen, ist ihnen nicht schön; das Neue, das Ungewöhnliche, das was andere nicht haben, das ist ihnen schön«. Da aber die Natur, wie Weißmantel gesteht, selten etwas Neues hervorbringe, müsse man nachhelfen. Als bei den Nelken die Farbe Kupfer auftaucht, ruft er zu mehr gärtnerischer Phantasie auf: »Die Natur (oder wir selbsten), hat zu wenig noch in dieser Farbe

Gruppenbild mit der gelben Picotte Emmeline, *daneben die weiße* Princess Frederica. *In der zweiten Reihe links die Bizarde* Bijou de Clermont *in Gesellschaft von* Prince de Nassau. *Illustration von Jane Loudon, 1843–44.*

gearbeitet.« Er selbst lässt sich von der Damenkleidung inspirieren und freut sich, dass zu Zeiten der Modefarbe *Couleur de Puce* das weibliche Publikum Erfurts in seinen Garten drängt, um ›flohfarbene‹ Nelken zu sehen oder das graue Ausblühen des dunklen *Mohrenkönigs* zu bewundern.

Dennoch ist Weißmantel ein strenger Kritiker der Nelkenblüte: Ausgedehnte Kapitel gelten den Schönheitsregeln (»Punkte und Düpflein« sind für ihn nicht mehr als Fliegendreck) und dem wahren Ebenmaß nach William Hogarths *Analysis of Beauty*. Der Kreis, so Weißmantel, sei die Grundform aller Dinge, nicht der Punkt, und das bei allen Blumen anzustrebende Ideal die »Cirkelrundung«. Die Nelken teilt er ein in haarfein gestrichelte zweifarbige Picotten, stärker und mehrfarbig gezeichnete Bizarden, mehrfarbige Picottbizarden, zweifarbig bandförmig gestreifte Doubletten, mit zwei nahestehenden Farben gestreifte Concordien, nur auf der Oberseite gezeichnete Fameusen und wie mit Farbe übergossene Feuerfaxe, sogenannte Tuschblumen.

Seine Portraits der einzelnen Sorten lesen sich wie kleine historische Anekdoten, so bei *Bell' Europe* (eine weiße Picotte mit aschgrauer Zeichnung, schwierig im Aufblühen, daher von vielen Gärtnern vorschnell aufgegeben) oder *Prinz Heinrich*, der als ein geschickter Diplomat und Kritiker seines bellizistischen Bruders Friedrich II. von Preußen galt. Ein Held des Bürgertums, das sich nicht für die von den Regenten angezettelten Kriege begeistern konnte. Als Nelke war Prinz Heinrich eine nahezu perfekte Picottbizarde, hagelweiß mit Dunkelkarmesin und Purpur, verkümmerte aber bald, was Weißmantel als ein Gleichnis deutet: »Wie viel Mühe kostet der Mensch, der vervollkommete Mensch! und ein gekrümmter Finger am tödtlichen Feuerrohr – «.

Besonders emphatisch beschreibt er seine eigenen Züchtungen wie eine Bizarde mit aschgrauen und blass ziegelroten Streifen, die er *Staaten von America* nennt, zwei Jahre, nachdem diese ihre Unabhängigkeit von der englischen Krone erklärt und vom Naturrecht abgeleitete Menschenrechte als Grundlage eines Staatswesens festgeschrieben hatten. Oder wurden die Vereinigten Staaten etwa in einem Erfurter Garten geboren? »1778. hat sie herfürgebracht; Erfurt; mein Garten hat sie herfürgebracht«, notiert Weißmantel voller Stolz. »Ein seltenes Phoenomen.« Aber – was für ein Drama! – als er eines Tages von Geschäften nach Hause kommt, hat eine Katze, ein »Teufel«, den Topf mit den *Staaten von America* umgeworfen; er ruft seinen gesamten Hausstand herbei, damit alle den Jammer sehen, aber keiner darf ihm helfen, er geht auf die Knie, um eigenhändig die schon beinahe vertrockneten zarten Pflänzchen einzusammeln und wieder in Erde zu setzen. Zum Glück haben sich die Stecklinge erholt, wurden die *Staaten von America* gerettet. »Doch glauben Sie was Sie wollen«, schließt Weißmantel, »die Mordgeschichte von den Staaten von America ist wahr.«

Johann Christian Rudolphi bedarf in seiner *Nelken-Theorie* (1787) keiner großen Worte mehr. Er zeichnet nach Weißmantels Einteilung der Nelken in Bizarden, Picotten, Fameusen etc. eine Tabelle, die gedruckt und von Hand koloriert wird. Schluss mit den langen Beschreibungen, ein klarer Sieg des Bildes. Doch was wüssten wir ohne Weißmantel und Schmahling vom Leben mit den Nelken im 18. Jahrhundert?

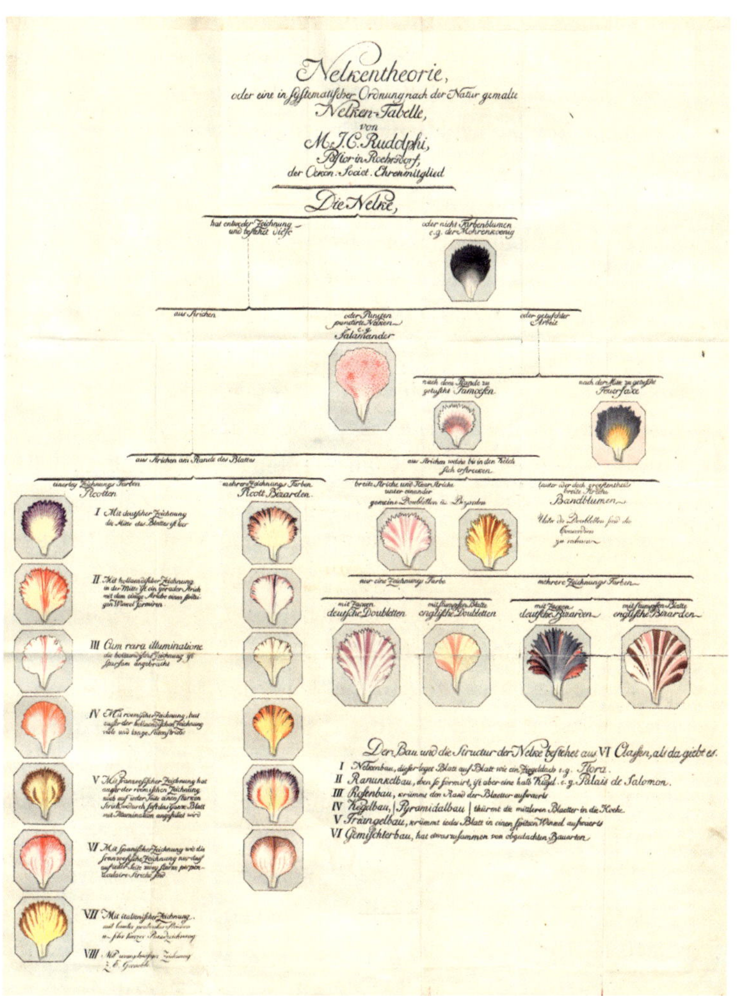

Eine Nelkentheorie in Tabellenform erspart manche lange Abhandlung: Pastor Rudolphi sortiert um 1787 die Sorten seiner Zeit.

Viele der in den großen Jahren der Blumisterei und Dianthomanie gegründeten Gartenzeitschriften, die immer auch neue Nelkenzüchtungen vermeldeten, stellen um 1800 ihr Erscheinen ein; die Napoleonischen Kriege sind dafür nur eine äußere Ursache.

Nur ein Autor wird noch einmal mit vergleichbarem Elan über die Nelken schreiben: Jakob Ernst von Reider in seiner 1835 veröffentlichten *Anleitung* zur Nelkenzucht, »systematisch-rationell dargestellt«, wie es im Titel heißt, was ihn nicht hindert, seinen Ausführungen ein eigenes Gedicht voranzustellen, in dem wieder der erste Platz der Nelke gegen die Rose verteidigt wird. Für Reider ist die Nelke die »erste Lieblingsblume der Deutschen«. Nach Jahrzehnten der Missachtung durch eine andere Gartenmode (vermutlich meint Rieder den englischen Landschaftsgarten), kehre man nun wieder zur Nelke zurück, und wenn die Engländer und Holländer nur an der Quantität der Blumen interessiert seien, so wende sich der deutsche Nelkenfreund ihrem eigentlichen Wesen zu.

Wenig berührt scheinen die deutschen Nelkenisten von einem ihre Zeit beherrschenden Diskurs, dem heftig diskutierten Zwiespalt zwischen dem Fortschritt der Wissenschaften, der Sitten und Künste und einer Entfernung von der Natur. Jean-Jacques Rousseaus Ruf »Zurück zur Natur!« fand ein großes Echo in den Salons seiner Zeit. Rousseau wie Linné wandten sich gegen die Züchtung gefüllter Blumen, da diese meist ihren natürlichen Zweck, die Fortpflanzung, nicht erreichten. Für die deutschen Blumisten wiederum waren ihre gerundeten, als harmonisch empfundenen Nelken natürlicher als die barocken, gesprenkelten, üppig gefransten Formen, und vielleicht kann man in Weißmantels Nelkenideal, von mathematischen, also universell gültigen Regeln hergeleitet, eine blütenästhetische Entsprechung des vielfach geforderten Naturrechts sehen? Auch die bürgerlichen Gärten galten als natürlich im Unterschied zu den formal angelegten Parks der Fürsten.

Eine Debatte um Künstlichkeit und Natürlichkeit entspann sich im deutschen Blumendiskurs des späten 18. Jahrhunderts an einem konkreten Detail: Soll man, so wurde diskutiert, dicht gefüllte Nelkenknospen vor der Blüte mit einem Messer anritzen, damit die Blätter sich schön legen, oder ist dies eine unnatürliche Maßnahme? Ein Nelkenmesser gehörte damals in jeden bürgerlich-blumistischen Haushalt. Für Schmahling ist die Sache klar: Der Schöpfer selbst möchte, dass der Blumist mit einem Messer oder einer Pappmanschette, die man unter die Nelkenknospe klebt, nachhilft, damit die Nelke die allgemeinen Gesetze der Schönheit vor Augen führen könne.

Beim Schriftsteller Jean Paul begegnet der Leser diesem Messer immer wieder: »der Mai spaltet an ihr [der Seele], wie ich jetzt an den Nelken, alle Knospen auf«, oder auch dem unerwünschten Platzen der Knospe: »Daher brach die üppige, berstende Knospe seines Geistes, wie die einer überfüllten Nelke, ohne Ebenmaß der Reize auf.« Das Nelkenmesser wird bei ihm zu einem zweischneidigen Ding. Einerseits steht es für die Kunst als eine subtile Manipulation, die im konkreten Sinn die Blume, im übertragenen Sinn den Menschen läutert und veredelt. Wie das Nelkenmesser den Knospen, so fügt die Musik den Menschen »kleine Schnitte« zu, »damit sie ohne Bersten aufblühen: so ersetze die Musik als künstlicher Schmerz den wahren«.

In der Schrift *Levana oder Erziehlehre* von 1807 steht das Nelkenmesser jedoch für unnatürliche, autoritäre Eingriffe in die Entwicklung eines Kindes: Das Kind »fühlt seine Nelkenknospen mit dem Federmesser aufgeschnitten, nicht nach lauem Begusse weich von eignem Treiben aufgetan«.

Der schlechte Pädagoge mischt sich in die kindlichen Spiele, um ein Bildungsziel zu erreichen wie der ambitionierte Nelkenzüchter eine besondere Blüte: »Ich fürchte mich aber vor jeder erwachsenen, behaarten Hand und Faust, welche in dieses zarte Befruchtstäuben der Kinderblumen hineintappt und bald hier eine Farbe abschüttelt, bald dort, damit sich die rechte vielgefleckte Nelke erzeuge.«

Wieder dient die Nelke als Exempel in der Diskussion um eine fragwürdige Kultur, die sich in ein natürliches Wachstum mischt. Das Gleichnis bei Jean Paul kann man auch als einen Kommentar zu gegenwärtigen Debatten lesen: Darf die bloße Vielfleckigkeit, die den augenblicklichen Vorstellungen eines Züchters oder eines Marktes entspricht, ein Erziehungsziel in Garten und Gesellschaft sein? Sollte man nicht eher die auch im 18. Jahrhundert vielbeschworene *natura naturans* stärken, die schaffende Natur: also etwa die kindliche Fantasie?

Viel musste auch in der Geschichte der Nelken geschehen, um in diesen wandlungsfähigen Blumen das Wirken der »bildenden Natur« (Brockes) weitgehend zu unterdrücken.

Nadeshiko

Leben ist flüchtig wie Tau;
alle Nelken sind voller Tau.
ISSA

Aus der Natur geraubt, von der Kultur verdorben: So stellt sich für ihre Kritiker das Schicksal der Nelke dar. Die Idee einer unberührten, ursprünglich guten Natur taucht jedoch erst in dem Moment auf, als der Mensch beginnt, die Welt rational zu durchdringen und umfassend zu nutzen. Jede Epoche hat eine andere Vorstellung von Natur und Natürlichkeit, es waren und sind immer auch ästhetisch-ethische Kampfbegriffe.

Diese Polarität von Natur und Kultur ist ein wesentliches Merkmal der europäischen Neuzeit. Der japanische Begriff für Natur, *Shizen* (›das Beste, höchstes Gut‹), umfasst hingegen beides, Natürlichkeit wie Künstlichkeit: Die Kunst dient der Natur, damit diese ihr wahres Wesen, ihre Schönheit enthüllt, aber diese Natur kann nicht als ein vom Menschen getrennter Bereich beschrieben, sondern von diesem nur auf einem ›Weg‹, geistigen wie praktischen Übungen, erfahren werden. Sowohl in einem Bonsai-Bäumchen, das ein Europäer als gestutzt und dressiert empfinden mag, wie in einer Nelke, bei der ein wilder Aspekt künstlich verstärkt wurde, drückt sich für japanische Augen eine besondere Verehrung der Natur aus.

Eine Prachtnelke, nadeshiko, *in Japan die Nelke schlechthin. Tuschzeichnung von ca. 1870.*

Um 1830 gingen in Japan auf dem Gebiet der heutigen Stadt Matsusaka drei Samurai der Blumenzucht nach; wie die Nelken-, Hyazinthen- und Aurikelfreunde von Erfurt hatten sie das Blumenreich unter sich aufgeteilt. Der Samurai Eiji Tsugimatsu widmete sich der Nelke, Sadagorou Yoshii der Iris, einer Frühlingsblume, und Touhachi Kinoshita der im Herbst blühenden Chrysantheme. Es war die sogenannte Edo-Zeit, als sich das politische Zentrum weg vom kaiserlichen Hof in Kyoto nach Edo, dem heutigen Tokio, verlagert hatte. Während dieser langen Friedensperiode, als sich das Land auch völlig dem Westen gegenüber verschloss, lag die Macht in den Händen von Territorialherren und verwalteten die Samurai das Land, höhere Beamte, die das Schwert, ihr Privileg, als reines Statussymbol trugen. Sie kultivierten die traditionellen Künste wie die Haiku-Dichtung, den Teeweg und Blumenweg als vom Zen-Buddhismus geprägte Rituale, oder das Ikebana, das wörtlich ›lebende Blumen‹ bedeutet und eine weit umfassendere Kunst darstellt als bloßes Blumenstecken. Man unternahm – vor allem in der Zeit zwischen 1750 und 1830, als sich auch in Deutschland ein Blumisten-Netzwerk herausbildete – Reisen in Gegenden mit einer besonderen Kirschblüte oder Herbstfärbung der Ahornblätter oder besuchte gärtnernde Gleichgesinnte.

Besonders beliebt waren Pflanzen, bei denen eine natürliche Mutation einen besonderen Wuchs, auffällige Blätter und Blüten herbeigeführt hatte: Merkmale, die in den Gärten weiterentwickelt wurden als eine überhöhte Natur und Kunst zugleich.

Auch die Blumen der drei Samurai von Matsusaka müssen ein Attraktion gewesen sein: Bei diesen Nelken, Iris und Chrysanthemen fielen die Blütenblätter in extrem langen, zerfransten Streifen herab. Je länger und feiner diese Fäden gerieten, desto größer war die Bewunderung. Bei den Nelken wurde damit eine ganz andere Erscheinung erreicht als das in Europa ab Ende des 18. Jahrhunderts verfolgte Ideal einer rundblättrigen Blüte oder *laced pink,* einer wie mit Spitzen gesäumten Nelke. Für die in Deutschland einflussreichen Nelkenisten Weißmantel und Schmahling waren die ›Chornelken‹ mit ihren kreisförmig angeordneten Blütenblättern der Zielpunkt der Nelkenentwicklung. Nur der schwäbische Pfarrer Johann Albrecht Klüpfel gibt in seiner Schrift *Vortheile zur Erziehung eines guten Nelkensamens* von 1780 zu bedenken, dass auch die »ausgezackten« Sorten ihre Reize hätten und eigentlich die »von der Natur angewiesene Bildung« seien.

Stark gefranst war die Nelke des Samurai Tsugimatsu schon deshalb, weil sie nicht aus der in Japan damals noch unbekannten Gartennelke hervorgegangen war, sondern aus der japanischen Langkelch-Prachtnelke, *Kawara nadeshiko. Kawara* bedeutet ›steiniges Feld bei einem Fluss‹ und bezeichnet den Lebensraum der Prachtnelke: nasse, gelegentlich trockenfallende Ufer. Die Prachtnelke gehört auch in Deutschland zu den einheimischen Wildpflanzen; vermutlich gab es einen gemeinsamen Vorläufer auf dem eurasischen Kontinent, der sich in feuchtem Grasland ausbreitete. Entgegen des Attributs ›prächtig‹ im Deutschen und ›superbus‹ (hochmütig) bei Linné wirkt sie sehr fragil. In Japan gehört sie zu den ›sieben Blumen des Herbstes‹ mit schön gefärbten, aber eher unscheinbaren Blüten. Sie werden bereits im *Man'yōshū* (Sammlung der zehntausend Blätter), einer Gedichtsammlung aus dem 8. Jahrhundert,

Drei Damen pflegen mit einer Benetzungspumpe die Blume, von der das traditionelle japanische Frauenideal seinen Namen hat: nadeshiko, *die Prachtnelke. Farbholzschnitt von Kuwagata Keisai, ca. 1790, Edo-Zeit.*

genannt, deren zentrales Motiv das *mono no aware* ist, das ›Pathos der Dinge‹, ihre zu beklagende Vergänglichkeit, die man nur durch die Dichtung, durch die Kunst ertragen könne. In der Edo-Zeit wurde die Vergänglichkeit und Flüchtigkeit des Lebens jedoch auch als etwas Kostbares, eine Intensivierung des Augenblicks, wahrgenommen, wie sie der Haiku-Dichter Bashō in der Gegenwart von Nelken beschwört: »Trunken möchte ich / unter Nelkenblüten ruhn / hier auf diesem Stein!«

Die Samurai-Nelke, *Matsusaka nadeshiko* oder Ise-Dianthus genannt, gefiel dem japanischen Kaiser so gut, dass er nach der Entmachtung der Samurai im Jahr 1868 aus ihrer Kultivation ein kaiserliches Privileg machte; Nachkommen dieser Nelke wachsen heute im botanischen Garten von Kyoto. Abbildungen der Ise-Dianthus, deren Blütenblätter wohl bis zu einer Handlänge herabfielen, haben sich nicht erhalten, aber einige im 19. Jahrhundert in Europa bekannte Kreuzungen aus Chinesischer Nelke und Prachtnelke wie die ›Gelockte Nelke‹ (*Dianthus cincinnatus*) oder die von Rudolf Borchardt beschriebene Chinesische Schlitznelke kommen ihr sehr nahe. Borchardt spricht bewundernd von »in lange Splitternadeln zerrissenen Petalen« und macht aus dieser eingewanderten Nelke sogar eine »naive Wonne des altdeutschen Blumengartens«.

So künstlich diese in die Länge gezogenen, zerfetzten Blütenblätter auch wirken mögen, so naturnah wiederum, wenn man sie als Betonung einer natürlichen Eigenart wahrnimmt. Damit illustrieren diese Nelken einen Aspekt der japanischen Ästhetik, denn als die höchste Stufe der Kultur gilt hier ein neuer, von Künstler- oder Gärtnerhand geschaffener Naturzustand, willentlich wild und roh.

In der Stadt Matsusaka setzt sich ein Verein für den Schutz der drei ausgefallenen *sanchinka* genannten Iris-, Chrysanthemen- und Nelkensorten ein (*sanchinka* bedeutet ›drei seltene Blumen‹), die seit 1952 nationales Kulturgut der Mie-Präfektur sind. Die japanische Aufmerksamkeit für besondere Blüten zeigt sich auch darin, dass die drei blumenzüchtenden Samurai kürzlich Gedenktafeln an ihren ehemaligen Wohnorten erhielten, wo sie einst, stellt man sich vor, im Teeraum zu Gesprächen über ihre blühenden Kostbarkeiten zusammenkamen.

Bis Anfang des 20. Jahrhunderts war die wild wachsende Prachtnelke in Japan sehr populär; *Kawara nadeshiko,* zu *nadeshiko* abgekürzt, wurde für Nelke allgemein üblich. *Nadeshiko* bedeutet wörtlich »das Kind zum Streicheln«. So klagt der Dichter Issa beim Tod seiner kleinen Tochter: »Warum wurde die blühende Nelke gebrochen? Warum?« *Nadeshiko* war jedoch auch eine Bezeichnung für junge Frauen und in der Verbindung *Yamato nadeshiko* – *Yamato* meint das japanische Kernland – benennt es das traditionelle japanische Frauenideal: Hübsch zurechtgemacht ordnet sich die Frau, die ›Prachtnelke‹, ihrem Mann, der Familie und dem Land völlig unter und erfüllt mit großer Ausdauer alle Pflichten – eine Mischung aus Geisha, Samurai und Hausfrau – während man in Deutschland mit den Blüten der Prachtnelke, der ›Stutzernelke‹, männliche Eitelkeit und Arroganz verband.

Das traditionelle japanische Frauenideal zitiert und demontiert das Manga *Yamato Nadeshiko* der Zeichnerin Tomoko Hayakawa, das in Deutschland unter dem Titel *Perfect Girl* erschienen ist. Vier Jungen sollen aus der widerspenstigen,

Wilde Natur oder eher züchterisches Raffinement: Dianthus cincinnatus, *die Gelockte Nelke, eine Kreuzung aus Chinesischer Nelke und der japanischen Langkelch-Prachtnelke. Französische Illustration von 1864.*

einen schwarzen Look pflegenden, düsteren Nachtgedanken anhängenden Protagonistin Sunako eine *Yamato nadeshiko* machen, eine Prachtnelke. Im Verlauf der zahllosen Geschichten werden aber eher die Jungen von Sunako erzogen als umgekehrt und lösen sich die Rollenmuster auf. *Nadeshiko,* eine Denkerinnenblume.

Ein neues Selbstverständnis repräsentieren auch die *Nadeshiko Japan,* die japanische Fußballnationalmannschaft der Frauen. Im Juli 2011, wenige Monate nach dem verheerenden Erdbeben mit Tsunami, gewannen sie gegen die favorisierten Amerikanerinnen das Endspiel der Weltmeisterschaft. Mit einem spektakulären Hackenschuss sicherte die ›Nelke‹ Homare Sawa den Gleichstand in der Verlängerung und schuf damit eine neue Legende.

Im Zeichen der Nelke

Ein Mann mit Dreitagebart, übernächtigt vielleicht, aber glücklich, hält eine weiße Nelke in der Hand, führt sie zum Gesicht, das vom Blitzlicht aus dem Dunkel gerissen wird. Wurde er vom Fotografen im Kreis seiner Freunde auf einem Boulevard in einem Café überrascht, wo man den langen Abend ausklingen ließ? Rechts lacht ihm eine Frau zu. Nikos Belogiannis, prominenter griechischer Kommunistenführer, ist hier von Freunden umringt und hat gerade von der Dame die Nelke erhalten; nichts deutet darauf hin, dass sie alle zusammen auf der Anklagebank eines griechischen Militärgerichts sitzen und ein Urteil wegen »kommunistischer Agitation« und »Spionage für die Sowjetunion« erwarten. Belogiannis' Frau Elli Pappa, von der die Nelke stammt, hatte kurz zuvor im Gefängnis den gemeinsamen Sohn zur Welt gebracht.

Es ist der 9. November 1951. Nikos Belogiannis muss bis zwei Uhr morgens warten, ehe er seine Verteidigungsrede halten darf, eine Zermürbungstaktik des Gerichts. Über eine Stunde berichtet er von seiner Tätigkeit im Widerstand gegen die Deutschen und als Kommissar der demokratischen Armee Griechenlands im vergangenen Bürgerkrieg; er klagt den Einfluss des Auslands auf die Nachkriegspolitik seines Landes sowie die offensichtliche Einflussnahme der USA auch in diesem Prozess an.

Das kurz nach der Rede aufgenommene Foto von Nikos Belogiannis mit seiner Nelke erscheint in den folgenden Tagen

»Der Mann mit der Nelke«: Nikos Belogiannis vor Gericht.

in internationalen Zeitungen; zahlreiche Politiker und prominente Künstler werden sich für seine Freilassung einsetzen, so Charles de Gaulle, Jean-Paul Sartre, Charlie Chaplin und Pablo Picasso, der nach dem Foto eine Skizze zeichnet, die ebenfalls zur Ikone wird. »Der junge Mann mit dem Lächeln und der Nelke wird Millionen von Menschen überall in der Welt rühren. Und der Bleistift des Künstlers, der *Guernica* geschaffen hat, wird ihn verewigen«, schreibt Dido Sotiriu, die Schwester von Elli Pappa, in ihrem Erinnerungsbuch *Das Gebot*.

Die Verhandlungen enden mit einer Haftstrafe für Elli Pappa und der Todesstrafe für Nikos Belogiannis und drei weitere Angeklagte. Am 30. März 1952 werden sie nachts aus ihren Zellen geholt und vor ein Erschießungskommando gestellt. Es ist die letzte politisch motivierte Hinrichtung in Griechenland.

In den sozialistischen Ländern steigt Belogiannis in den kommenden Jahrzehnten zum Helden und Märtyrer auf. Nâzım Hikmet widmet ihm aus dem Moskauer Exil das Gedicht *Der Mann mit der Nelke:* »Die rechte Hand / hält die Nelke / wie einen Splitter Licht vom Ägäischen Meer.« Franz Fühmann gibt seinem ersten, 1953 erschienenen Gedichtband den klingenden Titel: *Die Nelke Nikos.* Im Nikos Belogiannis gewidmeten Zyklus hält dieser die Nelke noch in der Stunde der Exekution in der Hand: Man mag hier an den Prinzen von Homburg denken, der mit seiner Nelke beinahe vor geladene Gewehre getreten wäre. Fühmann sieht am Horizont eine politisch-ästhetische Befreiung, eine »Zukunft der Schönheit«, aufziehen. Vermutlich hatte er dabei eine andere Gesellschaftsordnung vor Augen als eine, die von roten Plastiknelken abgesteckt und von Panzern gegen ihre eigenen Bürger verteidigt wird.

Dido Sotiriu gibt in *Das Gebot* den Prozess ausführlich wieder, verwandelt die auf dem Foto offensichtlich weiße oder sehr helle Nelke in eine »dunkelrote«, als könne es gar nicht anders sein. Auch bei Fühmann ist die Nelke »rot wie unser Herzblut«. Auf vielen Reproduktionen von Picassos Schwarz-Weiß-Zeichnung wird die Nelke ebenfalls rot eingefärbt.

Als Symbol des Sozialismus und Kommunismus ist die rote Nelke weltweit bekannt, seit dem 19. Jahrhundert gilt sie als ein Emblem der Arbeiterbewegung. Als 1889 der 1. Internationale Sozialistenkongress den 1. Mai des folgenden Jahres als Arbeiter-Kampftag festlegte, konnte man ihn in Deutschland wegen der Sozialistengesetze nicht offen begehen; daher trafen sich die Gleichgesinnten in Gartenlokalen und steckten sich rote Nelken als Ersatz für die verbotenen Fahnen an.

In Frankreich hatte die sozialistische Partei eine rote Rose gewählt, weil der Nelke dort ein Aberglaube aus der Theaterwelt anhängt: Erhielt im 19. Jahrhundert eine Schauspielerin nach einer Aufführung vom Direktor eine Nelke, bedeutete er ihr damit, sie könne ihre Sachen packen; bei Rosen wurde das Engagement fortgesetzt. Verständlich, dass eine politische Partei da lieber im Zeichen der Rose antritt. Die weiße Nelke im Knopfloch galt im Frankreich des 19. Jahrhunderts als Emblem der Royalisten und Ultra-Konservativen wie Maurice Barrès; in Wien, wie sich Sigmund Freud bei der Analyse eigener Träume im 5. Kapitel der *Traumdeutung* erinnert, war die weiße Nelke das Erkennungszeichen der Antisemiten, die rote das der Sozialdemokraten. Auch Franz Kafka steckte sich als Schüler in Prag eine rote Nelke an. In Österreich tragen die Sozialdemokraten bis heute bei der Eröffnung der Nationalversammlung rote Nelken am Revers.

Ein Plakat der neu gegründeten SED aus dem Jahr 1946 zeigt einen hageren, noch von den Entbehrungen des Krieges gezeichneten Mann, der sich mit Händen, die offensichtlich schwer gearbeitet haben, eine frische, langstielige rote Nelke an seinen Kittel nestelt, als sei dies eine für ihn ungewohnte Auszeichnung. Der Grafiker Arno Mohr wurde damit berühmt. Später erinnert er sich, wie er in der Prenzlauer Allee zum ersten Mal sein Plakat an einer Litfaßsäule hängen sah; er fand es »so schön, weil das alles mit meiner Persönlichkeit was zu tun hatte, diese Haltung darin«.

In der DDR geriet die Nelke zum ungeliebten ›Ansteckelement‹ für offizielle Jubelfeiern; da frische Blumen fehlten und Tausende von Parteimitgliedern, ganze Arbeiterbrigaden und Schulklassen für die 1. Mai-Paraden ausgestattet werden mussten, bezog man Kunstnelken mit Plastikstiel und Polyesterblüte von gleich mehreren Werkstätten, die im Volkseigenen Betrieb (VEB) Kunstblume in Sebnitz zusammengeschlossen waren.

Bei den Montagsdemonstrationen im Herbst 1989 wurden keine Nelken mitgeführt, denn sie waren als ›Staatsblume‹ diskreditiert und jenseits von Plaste und Elaste im November nicht leicht zu beschaffen. Man hätte sie als einen Appell zur Gewaltfreiheit verstehen können, wie bei der sogenannten Nelkenrevolution in Portugal, dem Putsch des Militärs gegen das Regime von António de Oliveira Salazar am 25. April 1974, als den aufständischen Soldaten in den Straßen, der Legende nach von Blumenfrauen, Nelken in die Gewehrläufe gesteckt wurden. Tatsächlich erfolgte der Umsturz, die Beendigung einer jahrzehntelangen Diktatur, unblutig und binnen weniger Stunden; allein bei der Erstürmung der Geheimdienstzentrale gab es vier Tote. Am darauffolgenden 1. Mai-Feiertag waren rote Nelken allgegenwärtig, mit denen man die Hoffnung auf eine demokratische Erneuerung ausdrückte. Eine Einheit aus Sozialisten und Kommunisten beendete die Kolonialkriege, einem von vielen erträumten eigenen Weg zum Sozialismus standen jedoch große wirtschaftliche Probleme und die Rahmenordnung des Kalten Krieges entgegen.

Eine rote Nelke zum 1. Mai, hier noch nicht aus Plastik. Plakat von Arno Mohr 1946.

Ein politisches Signal sind rote Nelken in der heutigen Türkei, wo sie als Trauersymbol gelten und an manchen Orten von der Regierung nicht gern gesehen werden, etwa wenn damit an die Protestbewegung von 2013 erinnert wird.

Als im Frühjahr 1990 der 100. Jahrestag des 1. Mai als ›Tag der Arbeit‹ anstand, brachte die neue, aus freien Wahlen hervorgegangene DDR-Regierung eine Briefmarke mit roter Nelke heraus, eine geradezu entflammt wirkende, um den Plastikstiel erleichterte Blüte. Die Bundesrepublik entschied sich zum gleichen Anlass für die immerhin rote, doch abstrahierte Silhouette eines Fabrikgebäudes.

Die letzten beiden am Tag vor der Wiedervereinigung von der Deutschen Post der DDR ausgegebenen Briefmarken sind Heinrich Schliemann gewidmet und zeigen einen Doppelhenkelbecher und ein Doppelgefäß aus Troja. Ein Abschied vom zweifachen Deutschland, in dessen nun historischem Doppelbecher man die bundesdeutsche Petticoat-Nelke der Nierentisch-Ära und die ostdeutsche Ansteck-Kunstnelke drapieren kann, die heute wieder angeboten wird: »Auf Nostalgie-Partys nicht wegzudenken!«

Wenn Nelken im wiedervereinigten Deutschland als Briefmarkenmotive gewählt wurden, so vermied man die roten, die mittlerweile auf Plakaten der Partei der Linken prangen. In die »Dauerserie Blumen« reihten sich stattdessen eine pinkfarbene Karthäusernelke und weiß-rosa blühende Gartennelken ein.

Einmal im Jahr ordern Berliner Floristen jedoch heute noch Tausende roter Nelken, oder nur jene Blumengeschäfte in der Nähe der Gedenkstätte der Sozialisten im Stadtteil Friedrichs-

Rechte Hand eines Mädchens mit Nelke *von Wilhelm Leibl, um 1880. Das Gesamtbild hatte Leibl aus Unzufriedenheit zersägt und ließ nur Details wie dieses gelten, das mit der feinmalerischen Wiedergabe von Hand und Nelkenblüte seine Bewunderung der niederländischen Maler des 17. Jahrhunderts ausdrückt.*

felde, wo am 15. Januar der Ermordung von Rosa Luxemburg und Karl Liebknecht durch rechtsextreme Freikorpssoldaten im Jahr 1919 gedacht wird. Zu DDR-Zeiten war dies eine staatlich angeordnete, von der Regierungsspitze angeführte Demonstration, die ein 1988 am Rande des Aufmarsches enthülltes Plakat sofort entfernen ließ. Es zeigte ein Zitat von Rosa Luxemburg: »Freiheit ist immer die Freiheit der Andersdenkenden«. Für die Vorkämpferin des Sozialismus, die selbst die rote Nelke mit Stolz trug, war die Meinungsfreiheit ein Menschenrecht. Aber auch Tiere und Pflanzen hatten für sie Rechte; noch an den ödesten Orten soll sie, die eigentlich Botanik studieren wollte, bevor sie für die Politik entbrannte, Blumen entdeckt haben. Während ihrer Gefängnishaft von 1915 bis 1918 führte sie ein Herbarium, das mit mitgebrachten Blumen gefüllt wurde. In einigen Sträußen und Töpfen sollen auch politische Berichte und Mitteilungen geschmuggelt worden sein: Der Kampf gegen den Militarismus und die soziale Ungleichheit ließ Rosa Luxemburg nicht ruhen, während sie sich im Gefängnis um die Insekten im Hof sorgte und ihnen einen Blumentopf mit »Goldstaub« auf die Fensterbank stellte. Als sie zuletzt in der Festung Breslau einsaß, brachte ihr Mathilde Jacob im Mai 1918 einen Bund Heidenelken für ihr Herbarium mit, und im Oktober, kurz vor Kriegsende und der erwarteten Amnestie der politischen Gefangenen, einige »Abschiedsnelken«. Zweieinhalb Monate nach ihrer Entlassung fällt Rosa Luxemburg dem Attentat des Freikorps zum Opfer.

Die Nelke im Knopfloch, die *boutonnière,* die Mitte des 19. Jahrhunderts in der Herrenmode aufkam – neben der Weste das beinahe einzige farbige Schmuckelement –, konnte über ein politisches Bekenntnis hinaus auch subtileren Mitteilungen dienen. Maßgeschneiderte Sakkos zeichnen sich heute noch durch eine Seidenschlaufe für den Blumenstiel auf der Innenseite des Revers aus. Die neuen Nelkensorten boten sich für die *boutonnière* des gepflegten Herrn an, wie die großblumigen Chabaud- oder Malmaisonnelken mit ihren festen Stielen, die fast ganzjährig von der Riviera kamen und sich sehr gut hielten. Die weiße Malmaisonnelke eignete sich darüber hinaus gut zum Einfärben, indem man sie in farbige Tinte stellte – was Oscar Wilde nutzte, um seine berühmte grüne Nelke zu schaffen, zu ›erfinden‹. Denn der Künstler, so Wilde, müsse der Natur auf die Sprünge helfen, die einfach zu langsam und vollkommen uninspiriert sei.

Allerdings kommen bei ihm künstlerische Idee und natürliche Blume nicht mehr im Beet, sondern im Knopfloch zusammen, mit einer vielleicht nur für einen Abend, eine momentane Laune gefärbten Blüte. »Eine wirklich gut gemachte Knopflochblume ist die einzige Verbindung zwischen Kunst und Natur«, so sein Credo des Ästhetizismus.

Außer dieser radikalen Abkehr von der traditionellen Naturnachahmung bzw. Umkehrung der *imitatio naturae* hatte die Blume für ihn keine Botschaft. Sie bedeute »gar nichts, aber gerade darauf wird niemand kommen«, meinte Wilde, als bei der Premiere seines Theaterstücks *Lady Windermeres Fächer* im Jahr 1892 ein Darsteller und einige Besucher grüne Nelken im Knopfloch trugen.

Der Autor Robert Hichens greift dieses Motiv sowie Oscar Wildes Beziehung zu Lord Alfred Douglas in seinem 1894 anonym veröffentlichten Roman *The Green Carnation* auf. Seinen beiden Protagonisten legt Hichens immer wieder von Wilde inspirierte Bonmots in den Mund: »Nichts auf der Welt ist so vollkommen ›middle-class‹ wie die Natur.« Oscar Wilde selbst fand vor allem das Buch sehr »middle-class« und trat in einem Brief an eine Zeitung den Gerüchten entgegen, es stamme von ihm: »Ich erfand diese herrliche Blume … Die Blume ist ein Kunstwerk. Das Buch ist es nicht.«

»Man sollte entweder ein Kunstwerk sein oder ein Kunstwerk tragen.«
Oscar Wilde mit sorgfältig drapierter Knopflochblume, 1889.

Kurz darauf wurde das *The Green Carnation* zum Entsetzen von Robert Hichens im Gerichtsprozess gegen Oscar Wilde als Beweismaterial für dessen vermeintliche Unzucht herangezogen. Das Urteil lautete auf zwei Jahre Zwangsarbeit, von der Wilde sich nie mehr erholen sollte.

In Irland, der Heimat Oscar Wildes, werden zum St. Patrick's Day am 17. März grün gefärbte Nelken angeboten. In den USA sind eingefärbte Nelken durchaus üblich; daher lagen sie John Updike als Metapher nicht fern. In seinem 1968 veröffentlichten Roman *Ehepaare* wird bei einem Party-Ratespiel eine Anwesende als Blume folgendermaßen beschrieben:

> *Ich finde, Sie sind eine gelbe Nelke, und man hat Sie mit purpurner Tinte getränkt, damit Sie dieses unglaubliche Schwarz erreichen, und immerfort fassen die Leute Sie an, weil alle denken, Sie seien künstlich, und dann stellen sie fassungslos fest, daß Sie tatsächlich eine Blume sind. Wenn Sie sterben, wird das Dunkle herausbluten aus Ihnen, und Sie sind wieder gelb.*

Bald ahnt die Dame (und Ehefrau), wen sie in den Augen der anderen darstellt: Christine Keeler, ein ehemaliges Mannequin, die mit dem britischen Heeresminister John Profumo ein Verhältnis hatte, das ihn im Jahr 1963 zum Rücktritt zwang, da Keeler zur gleichen Zeit eine Beziehung mit dem Marineattaché der sowjetischen Botschaft, einem Agenten, unterhielt.

In einem anderen spekulativen Spionagefall in Großbritannien spielen Nelken eine kleine Rolle: Der Amerikanerin Wallis Simpson, mit dem Prince of Wales liiert, soll der damalige deutsche Botschafter in London, Joachim von Ribbentrop, mit dem sie angeblich ein Verhältnis hatte, täglich siebzehn weiße

Nelken geschickt haben, für jede gemeinsam verbrachte Nacht eine. So stellt es Andrew Morton in seinem Enthüllungsbuch *17 Carnations* nach Dokumenten des britischen Geheimdienstes dar. Deutschland erhoffte sich laut Morton, über Wallis Simpson eine Verbindung zum künftigen englischen König zu erhalten. Es kam anders: Edward VIII. dankte ab, um seine Geliebte, eine geschiedene Frau, zu heiraten. Als Duke of Windsor führte er fortan ein Jetset-Leben, trat gerne als makellos gekleideter Dandy mit weißer Knopflochnelke auf und schuf so den »*Windsor Style*«, der von Schauspielern wie Fred Astaire gerne kopiert und auch von Pan Tau, dem zaubernden Gentleman aus dem sozialistischen Prag, mit Eleganz getragen wurde. Prinz Charles wählt ebenfalls gerne die weiße Nelke zum Zweireiher, wenn er nicht Radieschen oder Frühlingszwiebeln anlegt, um seine ökologischen Neigungen zu bekunden und die *boutonnière* der Ästheten zu erden.

Allwoods Nursery

Mein Garten – wie der Strand
Zeigt an – es gibt – ein Meer –
Den Sommer –
Perlen – holt er sich
Wie Diese – so wie Ich

EMILY DICKINSON über mitgeschickte Blumen

Wenn man, von London kommend, in Hassocks aus dem Zug steigt, ahnt man bereits das nahe Meer. Zwei Bahnstationen weiter, hinter den Hügeln, über denen die Luft wie blank gerieben scheint, liegt das Seebad Brighton. Unterhalb des Bahnhofs passiert man einen Pub, in der Hauptstraße reihen sich ein Fish & Chips, ein Café mit Büchertauschbörse und ein Laden für dekorative Kleinigkeiten. Um drei Uhr nachmittags stellen sich vor der *Nursery,* dem Kindergarten, die Mütter in einer Reihe auf. Ich betrete den Laden mit den üblichen *Come through the garden*-Schildern, Tassen und Servietten; unwillkürlich suche ich nach einem Nelkenmotiv, aber nichts weist hier darauf hin, dass sich in dieser Gegend bis vor wenigen Jahrzehnten das Zentrum der britischen Nelkenzucht mit Hunderten von Mitarbeitern befunden hat und heute das wohl weltweit größte Archiv an historischen Nelkensorten gehütet wird.

Zur Allwoods Nursery geht es zu Fuß noch eine Weile an der Landstraße entlang. Ein Anwohner verbindet mit der Adresse den Gartenmarkt, den ein Pächter auf demselben Grundstück eröffnet hat. Hinter diesem tauchen endlich, durch einen Eimer frisch geschnittener Nelken angekündigt und umgeben von verstreutem Gartengerät, die drei Gewächshäuser der Nursery auf, ein blühendes Museum mit Nachfahren zahlreicher berühmter Sorten. Eigentlich sind es drei Museen oder Archive unter einem Glasdach: Emma Sumner-Wilson und David James bieten neben mehr als 400 Nelkensorten auch eine breite Palette historischer und seltener Pelargonien wie Kakteen an. Als Kinder waren sie sich bereits auf *flower shows* begegnet, denn beide stammen aus alten *nurseries:* Die Eltern von David züchteten Pelargonien, die Familie von Emma galt als Englands ältester Kakteenanbieter.

Wenn David 1994 den Traditionsbetrieb Allwoods nicht kurz vor seiner Schließung gekauft hätte, wären die Mutterpflanzen der alten Sorten vielleicht im Müll gelandet, erklärt mir Emma, während sie den ersten Nelkensetzling aus seinem Wuchsbett holt und mit einem Etikett umwickelt: *Pheasant's Eye,* Fasanenauge, vermutlich bereits im 16. Jahrhundert bekannt, dann folgen *Sops in Wine, Old Velvet* und *Old Square Eyes.* Sodann *Queen of Sheba, Mrs Mac Bride* und eine *Painted Lady,* die als ›Fameuse‹ nur auf der Oberseite der Blüte gezeichnet ist: Sie alle sollen mit mir nach Deutschland reisen.

Die Allwoods Nursery wurde 1910 von den Brüdern Montagu, Edward und George Allwood gegründet. Montagu war zuvor in einem großen Gartenbaubetrieb vom Blumentopfwäscher zum Nelkenspezialisten aufgestiegen, Edward hatte sich in den USA mit der Kultivation von rund ums Jahr blühenden Nelken in Gewächshäusern vertraut gemacht und George schließlich

Die drei Allwood-Brüder 1953 auf der Chelsea Flower Show *mit – natürlich – Nelken im Knopfloch.*

brachte aus dem Brauereigewerbe das nötige Startkapital ein. Zusammen ziehen sie einen zeitgemäßen Betrieb mit moderner Gewächshaustechnik auf. Neu und gewinnbringend ist neben dem Versand eine Vermarktung von fertig getopften Pflanzen über große Kaufhäuser wie Woolworth. Kurz nach dem Ersten Weltkrieg, nach neunjährigem Experimentieren, brachten die Allwood-Brüder die sogenannte Allwood-Hybride auf den Markt, eine Kreuzung zwischen der Federnelke und den im 19. Jahrhundert entwickelten öfterblühenden Remontantnelken. Diese neue Züchtung war winterhart, langblühend und duftend, als Beeteinfassung wie auch als Schnittblume für den Hausgebrauch sehr geeignet.

Den größten Erfolg hatte die Nursery mit der Allwood-Hybride *Doris,* die 1945 lanciert wurde, als unzählige Privatgärten neu angelegt werden mussten, weil während des Zweiten Weltkriegs unter der Parole *Dig for Victory* viele Gärten und Grünflächen in Nutzbeete verwandelt worden waren. Für die autarke Versorgung des Landes wurden Möhren und Kartoffeln statt Blumen gezogen; sogar in den Rosenbeeten der königlichen Familie wuchsen Speisezwiebeln, und Allwoods bot Bohnen und Erbsen an. Auch die Sorte *Doris* in der heute eher unmodischen Farbe Apricot ist mit einigen Varianten noch erhältlich; die Allwood-Hybriden spielen weiterhin eine Rolle bei Neuzüchtungen.

Im Büro liegt das ziegeldicke *International Dianthus Registrar* griffbereit. Es listet über 40 000 Sorten allein aus Europa und den USA auf, mit Angaben zu den Nelkeneltern und den Züchtern. Als Quellen für die historischen Kultivare dienen unter anderem Parkinson und Weißmantel. Viele Namen sind allerdings mehrfach vergeben und die Sorten nicht eindeutig zu identifizieren. Nelken ›verlaufen‹ sich gerne, wie der Blumist sagt: Sie unterlaufen die Namensgebung.

Auch Emma und David arbeiten weiter an neuen Züchtungen: Ihre neueste Einführung *Heaven Scent,* eine rosafarbene niedrige Nelke mit pinkfarbenem Auge zeigt bereits im Namen an, dass ihnen in der Allwoods-Tradition der Duft wichtig ist, der vielen neuen Sorten fehlt, da die Züchter und Kunden eher an einer langen Blüte und Blattgesundheit interessiert sind, die sich oft nicht mit einem starken Duft kombinieren lassen.

An der Bewahrung der alten Sorten, von den Allwood-Brüdern bereits aus Gärten zusammengesammelt und vermehrt, verdienen Emma und David nur wenig. Für Umsatz sorgen die neueren *pinks* und die modernen hohen Nelken, die in England winterhart sind, und darüber hinaus im Winter der Versand von Nelkensträußen. Aber der ab Februar verschickte Katalog wecke dann gleich die Lust, meint David, Nelken in den eigenen Garten zu holen. Und dies empfiehlt er auch zur Entschleunigung: »Die Menschen können heute nicht warten. Auch im Garten muss alles schnell gehen, mühelos. Und dann buchen sie teure Yoga-Wochenenden!«, wundert er sich. »Das Aufmerksamkeits-Training können sie auch im Garten haben.«

Der Allwoods-Fundus an alten Sorten ist jedoch bei der Neuanlage von historischen Gärten sehr gefragt, so als im Jahr 2009 der Garten von Kenilworth Castle aus dem elisabethanischen Zeitalter rekonstruiert wurde. Der ehemalige Landsitz von Robert Dudley war ein Geschenk der Königin Elisabeth I., mit der ihn eine längere Vorgeschichte politischer wie amouröser Art verband. Als sie ihn dort im Juli 1575 besuchte, hoffte Dudley, sie endlich zu einer Heirat bewegen zu können, und ließ daher seinen Garten mit zahlreichen duftenden *gillyflowers* – Levkojen, Violen, Nelken – bepflanzen; er sollte an alle Sinne appellieren, wie der Zeitgenosse Robert Langham in einem berühmten Brief festgehalten hat, der als Grundlage für die spätere Rekonstruktion diente.

Elisabeth hielt sich für eine royale Visite zwar ungewöhnlich lange, 19 Tage, auf Kenilworth auf, aber weder Spaziergänge im Garten inmitten der duftenden Blumen noch Feuerwerke, Bärenkämpfe, Jagden und allegorische Theaterstücke hatten

Eine Fülle an Nelkenformen und -farben, von purpur-gefranst über rot-gelb-geflammt bis rosa-rund, im Garten des Regensburger Apothekers

und Botanikers Johann Wilhelm Weinmann. Für seine Phytanthoza iconographia *malte er diese Züchtungen selbst ab. 1737–1745.*

Erfolg: Die Königin reiste ab, ohne ihr Wort zu geben, sie blieb ihr Leben lang unverheiratet, *the virgin queen.*

Die Erinnerung an die mit ungeheurem Aufwand inszenierten Festlichkeiten sollen Shakespeare, der damals als elfjähriger Junge im nahen Stratford lebte, zu seinem Theaterstück *Der Sommernachtstraum* inspiriert haben. Darin werden noch stärkere Blütenzauberkräfte aufgeboten, um das zu erreichen, was Robert Dudley bei der eisernen Elisabeth nicht gelang: Der Nektar einer Zauberblume, die Puck der schlafenden Elfenkönigin Titania ins Auge träufelt, bewirkt, dass sie sich in das erstbeste Wesen verliebt, das sie beim Erwachen erblickt – einen Esel. Kann man nicht auch in den letzten Szenen in Kleists *Prinz von Homburg,* die nach der Schlacht von Fehrbellin am 28. Juni 1675, also zur Blütezeit der *gillyflowers* angesiedelt sind, einen solchen *Midsummer Night's Dream* sehen?

Womöglich witterte Elisabeth inmitten der Nelken von Kenilworth ähnliche Intrigen wie im Verhältnis zur *Queen of Scots* und Thronprätendentin Maria Stuart, die Elisabeth seit sieben Jahren gefangen hielt und die sich während ihrer Kerkerhaft über Nelkenstickereien beugte. 1587 lässt Elisabeth ihre Konkurrentin wegen angeblicher Beteiligung an einer Verschwörung enthaupten. Auch für eine andere Monarchin werden zweihundert Jahre später die Nelken zum Menetekel: Als die französische Königin Marie-Antoinette von den Revolutionstruppen im Temple festgehalten wird, soll man ihr in einer Nelke ein Billet zugespielt haben, in das mit Nadelstichen ein Befreiungsplan chiffriert war. Das Vorhaben scheiterte jedoch, vermutlich an der unterlassenen Bestechung eines Gefängnisbeamten: »eine dunkle Geschichte«, wie Stefan Zweig das sogenannte Nelkenkomplott in seiner Biografie der Königin kommentiert. Marie-Antoinette stirbt 1793 durch die Guillotine.

Ich gehe noch eine Weile in den Gewächshäusern umher, einem Nelken-Wunderland: in einem Gang die barocken Sorten wie *Soloman* und *Unique,* dicht daneben *Fair Folly, Dad's Favourite* und *Petticoat Lace* aus der Zeit um 1800. Eine Reihe weiter wachsen die modernen hochstieligen Nelken, und dort sehe ich tatsächlich Oscar Wildes grüne Nelke, hier in einem hellen Gelbgrün. In Blumensträußen, bemerkt Emma, ist sie sehr wirkungsvoll. Auch diese Nelke mit Namen *New York* kommt noch in mein Päckchen.

In dieser Umgebung ist augenfällig, dass nicht allein der Duft das Besondere der älteren Nelken ausmacht – viele schöne Nelkenarten wie die Chinesische Nelke haben keinen –, sondern auch der sogenannte Habitus, das Zarte, Wiegende, das den Nelken weggezüchtet wurde, sobald die Eisenbahn es erlaubte, Schnittblumen quer durch Europa zu schicken. So hieß eine 1866 in Lyon eingeführte Nelkenart tatsächlich ›Eisenstielnelke‹ (*Œillet à tige de fer*). Nelken sollten gut in der Vase und im Geschäft stehen und möglichst rund ums Jahr erhältlich sein. Hat also diese Entwicklung hin zu einer Massenschnittblume, paradoxerweise jetzt ›Edelnelke‹ genannt, nicht die oft sehr künstliche Erscheinung der Blüten in früheren Jahrhunderten, ihr Wesen verfälscht? Wann ist, wie Rudolf Borchardt, der emphatische und im Fall der Nelken zwiegespaltene Blumist des 20. Jahrhunderts, schreibt, »in der Tiefe der Blume etwas gebrochen, was nicht mehr heilt«? Ursprünglich sei, so Borchardt, in der Nelke etwas ganz anderes wirksam, »der Wille des blühenden Triebes, ›umzufallen‹, das heißt die reife Saat weitmöglichst von der Mutter entfernt auszuleeren ...« Die Blüte ist hier nichts anderes als der »Trieb« der Pflanze, mit der diese ihr Bestehen innerhalb eines Ökosystems sichert. Jack Goody greift in seiner *Culture of Flowers* bis in eine weite Vorzeit zurück, als die Sporen- durch die Samenvermehrung ersetzt wurde und sich für diesen Zweck Blüten entwickelten und mit ihnen die Bienen. Ohne Blumen, so Goody, keine Insekten, keine Säugetiere und kein Mensch.

Noch im 18. Jahrhundert nahm man nicht zuletzt wegen der eigenen begrenzten Lebensspanne eine kurze Blüte als natur- und gottgegeben hin. Denn dies, resümiert Weißmantel, »ist ein Grundgesetz in der Nelkenfloor: so bald eine Blume befruchtet ist, [...] so bald schließet sich das schöne Theater und die Blume verwelkt.« Mit diesem barocken Welttheater im Blumentopf wurde der Vergänglichkeit jedoch etwas abgewonnen, im zweifachen Sinne des Wortes: Das natürliche Geschehen verwandelte man in ein kleines Kunstwerk, das nur als ein natürlich wachsendes, und daher vergängliches, seinen Reiz hat.

Wo sind die Nelken aus der Blütezeit der Dianthomanie geblieben, die noch Kunst und Natur zugleich sein durften und nicht für größere Handels- und Dekorationszwecke strammstehen mussten: die *Bruid de Thuringen,* eine Bizarde mit *cramoisi* und *couleur de chair,* die laut Weißmantel »Zärtlichkeit und Pracht vereint«, oder auch *Naive* (eine weiße Picotte mit Inkarnat, »wird zuletzt beascht«) und *Delicieuse* (weiß mit Aschgrau und *puce,* flohfarben) – die beiden letzten aus dem Wedel'schen Katalog von 1795, den die *Oeconomische Enzyclopädie,* die das

Dreierlei Nelken aus den sogenannten Tulpenbüchern des Markgrafen Karl von Baden, der in seinem Garten neben Tausenden Tulpen auch 600 Nelkensorten pflanzen ließ. Anfang 18. Jahrhundert.

gesamte Wissen ihrer Zeit versammeln wollte, mit allen Details unter dem Eintrag »Nelke« aufgenommen hat? Hinweg! Wie *Moment* (gelb mit Ziegelrot, zart gestrichen, sehr groß) und *Eh bien!* (hellkupfer).

In Deutschland wie in Großbritannien ist von den früheren hohen Nelken kaum eine Sorte erhalten. Bereits um 1840 wird in England beklagt, dass die alten Nelken verschwunden seien, die einen ganzen Garten in ihren Duft hüllen konnten. Vielleicht hatte man schlicht keinen Sinn mehr dafür und war der Geruchssinn schon länger zugunsten des Gesichtssinns zurückgedrängt? Heute wird ein stark duftender Blumenschmuck sogar als störend empfunden, weil er Allergien auslösen, die Parfüms der Gäste durchkreuzen und den Geschmack der Speisen verfälschen könnte.

Im 19. Jahrhundert hatte man in bürgerlichen Kreisen Wichtigeres zu tun, als weiterhin große Topftheater zu pflegen. Für die Gärten gab es jetzt die Dahlie in vielen Farben, die auch Goethe bevorzugte, und Adel wie Großbürgertum wandten sich der Kamelie zu, einer ebenfalls stark mutationsfreudigen Blume, für die ein Gewächshaus nötig war. Man mag die Dahlie mit dem 1840 eingeführten Saxofon und ein von Dahlien dominiertes Beet mit einem modernen Orchester oder einer Big Band vergleichen, neben denen die früheren Blumisten-Blumen sehr viel leiser, wie ein historisches Kammerorchester mit Lauten und Holzflöten aufspielen würden.

Nur die niedrigen Nelken, die *pinks,* konnten in manchen Gärten überleben, weil sie keinen Winterschutz benötigen und sich selbst versamen. Die Federnelken waren im 19. Jahrhundert in europäischen Kohlegebieten eine beliebte Arbeiterblume, und William Robinson empfiehlt sie in seinem einflussreichen Gartenbuch *The Wild Garden* für naturnahe Pflanzungen. In Großbritannien wurden sie zudem zu *florists' flowers,* Blumisten- also Züchterblumen. Eine der bekanntesten Sorten aus dieser Zeit ist die 1868 eingeführte *Mrs Sinkins,* die ihr Züchter, Leiter des Armenhauses in Slough, nach seiner Frau benannte: eine weiße, stark duftende, zerfranste Blüte mit grünem Auge.

Kaum bin ich in London zurück, legt vor meinen Augen ein Hausboot mit Töpfen voller *Mrs Sinkins* an. Hausboote sind in der Londoner Innenstadt oft die letzte bezahlbare Möglichkeit, ein Dach über dem Kopf zu haben, und hier erinnern die Blumenkästen an eine Zeit, in der ein Topf einen Garten ersetzte, das botanische Schauspiel andere, teure Vergnügungen. *This made my day!*

Während sich heute im Schnittblumenverkauf die Nelke gerade noch auf Platz 10 hält, weit hinter den Rosen und Tulpen auf den ersten Plätzen, so scheint sie als Gartenpflanze bedeutungslos zu sein; hier führt das Heidekraut. Gärtnereien berichten jedoch von einer Wiederkehr der Nelke als niedriger Sommerblume für Beete und Balkone, wo sie neben den beliebten Massenblühern bestehen muss. Auch beim Floristen schrecken Kunden nicht mehr vor Nelken zurück, sondern sind eher angezogen von deren nostalgisch bis sehr modern wirkenden Farben. In Deutschland werden allerdings nur noch die kleinblütigen Spraynelken in Gewächshäusern und Bartnelken im Freiland gezogen. Lange kamen die Schnittnelken aus Italien oder von der Côte d'Azur, heute sind dort viele Felder überbaut, ist der Aufwand zu kostspielig. Die meisten Nelken in den Blumengeschäften stammen heute aus Südamerika, vor allem aus

Kolumbien; jeden Tag heben dort Flugzeuge voller Blumen in Richtung Nordamerika und Europa ab.

Ein Sturm hat in den letzten Tagen ein Glasdach der Allwoods Nursery beschädigt. Liegt es daran, dass besonders viele Bienen, Hummeln, Schmetterlinge um die Blumen schwirren? Nein, meint David, ihre Gewächshäuser stünden immer zur Umgebung offen. Als ich ihn nach seiner Strategie bei den neuen Züchtungen frage und ob er dazu bestimmte Sorten auswähle, weist er nur auf eine Hummel, die sich einer Nelkenblüte nähert: »Warten wir mal ab, was die Insekten so machen …«

Aussaaten

Freunde, der Boden ist arm, wir müßen reichlichen Samen
Ausstreun, daß uns doch nur mäßige Erndten gedeihn.
NOVALIS, *Blüthenstaub*

Befreien wir die Blume, um uns zu befreien.
FRANCIS PONGE, *Änderung der Ansicht über Blumen*

Jeden Dienstag nach Pfingsten bewegt sich eine seltsame Prozession durch die Hackney Road im Londoner Osten, vorbei an Billigläden, Nachtclubs, veganen Imbissen, hippen Friseurläden und den Designer- und Architekturbüros, die sich auf dem Gelände einer ehemaligen Druckerei angesiedelt haben. Mehrere Damen und Herren in altertümlichen grünen Umhängen, geschmückt mit goldglänzenden Ketten scharen sich hinter einem in die Höhe gereckten silbernen Spaten. Ihr Weg führt von der Kirche St. Leonard's Shoreditch zu einer unscheinbaren Grünfläche an der Hackney Road, wo die Vertreter der *Worshipful Company of Gardeners,* der Gärtnerzunft, auf einer verwitterten Grabplatte einen Kranz niederlegen. Auch einige Nelken umrahmen ein foliertes Blatt: »*In Memoriam Thomas Fairchild 1667–1729. Citizen and Gardener.*« Zuvor hatten sich die heutigen *urban gardeners* in der Kirche St. Leonard's zu einem Gruppenfoto vor dem Altar versammelt. Rechts an der Wand ist in einer Auflistung der Wohltäter der Gemeinde

Ein wenig Exotismus für den Garten: die besonders im 19. Jahrhundert beliebten Chinesischen Nelken, gemalt von Caroline Maria Applebee, 1838.

Fairchilds Schenkung im Jahr seines Todes 1729 vermerkt: 20 Schilling für eine Predigt, die an jedem *Tuesday after Whitsun* gehalten werden solle. Als Themen dieser als *Vegetable Sermon,* also ›Pflanzenpredigt‹, bekannt gewordenen Lesung gab Fairchild vor: »Die wunderbaren Werke Gottes in der Schöpfung« oder »Über die Gewissheit der Auferstehung, wie sie von gewissen Veränderungen in der Tier- und Pflanzenwelt bewiesen werden«, womit er die Verpuppung eines Schmetterlings meinte.

Angeblich war Fairchild in seinen letzten Lebensjahren wegen seiner blasphemischen, die göttliche Ordnung verletzenden Nelkenzüchtungen von Reue befallen worden und stiftete diese Predigt, um sein Gewissen zu erleichtern. Sein heutiger Ruf als ›Pionier des *Urban Gardening*‹ beruht auf einem 1722 veröffentlichten Buch, *The City Gardener*. Darin erörtert er, der im Viertel um St. Leonhard's einen großen Garten unterhielt, den Wert von Grünflächen in den Städten für Menschen wie für Tiere und empfiehlt Pflanzen, die trotz des damaligen Londoner Kohle-Smogs gut gediehen. Mit der *Vegetable Sermon*, die mit mehr oder weniger engem Bezug zu Fairchilds Themen seither über nahezu drei Jahrhunderte fortgeführt wurde, hat er, der Nelken- also Denkerblumenzüchter, eine Möglichkeit geschaffen, öffentlich darüber nachzudenken, wie wir es mit den Pflanzen und der Natur halten.

In seinem *City Gardener* schreibt Fairchild von »*our wildness-work*«, einer künstlichen Wildnis; für die Londoner Innenstadt empfiehlt er ausreichend Bäume als Zuflucht für Vögel, auch wildwachsendes Gebüsch, und als Blumen einige Nelken wie die damals ganz neue Chinesische Nelke mit ihren schönen Farbvariationen. Allerdings reagiere diese, so Fairchild, als einjährig heranwachsende Blume besonders empfindlich auf den Ruß der minderwertigen See-Kohle, die an Stränden gesammelt wurde – man mag sich vorstellen, wie dick die Londoner Luft war!

Zwei seiner Nelkenhybriden, die ersten künstlich geschaffenen Pflanzenarten, haben sich erhalten, eine in Oxford, die andere in London. Das Department of Plant Sciences der Universität Oxford ist von der Innenstadt zu Fuß leicht zu erreichen, und doch muss ich vom Cherwell-Fluss südlich des Botanischen Gartens einen weiten Umweg laufen, denn die Durchgänge wurden wegen wilder Examensfeiern gesperrt; unterwegs begegne ich immer wieder Studenten, die mit Farbe übergossen und mit Luftschlangen behängt sind, aber oft ist noch gut die rote Nelke an ihrem Jackett zu erkennen, die anzeigt, dass sie ihre letzte Prüfung hinter sich haben. Für die erste Prüfung legt man hier eine weiße Nelke an, rosafarbene für die mittleren: Vor den Blumengeschäften stehen die Nelken in Kübeln bereit. Von den *boutonnières* der Studenten tauche ich ein in die Nelkenarchive der historischen Herbarien.

Als ich Serena Marner, dem *Herbarium Manager,* über die Flure des schon verlassenen Instituts folge, kommen wir auch am Original des einzig bekannten Portraits von Thomas Fairchild vorbei: Das Gesicht von der Gartenarbeit gerötet, in der Hand ein größeres Notizbuch haltend, blickt er nachdenklich in die Ferne. Ich lasse mir die Bedeutung des Oxforder Herbariums erklären, das zu den ältesten und größten der Welt gehört und laufend ergänzt wird: Als die ersten Herbarien im 16. Jahrhundert angelegt wurden, nannte man sie sogar ›lebende‹ Kräuterbücher im Unterschied zu den gedruckten. In einem Raum, beinahe ein hochmodernes Labor, zeigt mir Mrs Marner zunächst die Fairchild-Hybride und dann einige Tannenzapfen und getrocknete Blätter, die kürzlich aus dem Norden Kanadas zugeschickt wurden. Die Digitalfotografie macht ein solches

Original keineswegs überflüssig; auch botanische Zeichnungen sind für Wissenschaftler oft aufschlussreicher als Fotos.

Die zweite Hybride wird heute im Natural History Museum in London als Teil der Sloane Collection verwahrt. Der Kurator Fred Rumsey hat sich alle Fairchild-Belegstellen notiert, und doch dauert es eine Weile, bis wir die getrocknete Probe in einem der dicken Folianten des Universalgelehrten und -sammlers Hans Sloane entdecken, der damals die Sitzung der Royal Society geleitet hatte. Fred wundert sich, dass diese nicht eigens vermerkt ist, »*Such an iconic piece!*«, aber mir ist es ganz recht. So kann ich mir viele der getrockneten Blumen genauer ansehen, die Sloane bei seinen Besuchen in Fairchilds Garten in Hoxton pflückte und später pressen und archivieren ließ: Chinesische Nelken, Lichtnelken, Büschelnelken, eine Fülle an Wildnelken, die ich nie im Freien gesehen oder bewusst wahrgenommen habe. Mir fällt ein Brief von Rosa Luxemburg aus dem Gefängnis ein, in dem sie von einem botanischen Werk berichtet, das ihr trotz strenger Wissenschaftlichkeit »wie eine Kette von lauter Märchen« vorkomme. Ich staune jetzt selbst über die in den Herbarien dokumentierte Aufmerksamkeit für Blumen, die längst vergangen scheint; auch manche dieser Wildnelken werden wohl bald Legende sein. Vielleicht müssen wir selbst neue Märchen und Erzählungen für uns finden, um die Blumen, um die Natur anders als bisher wahrzunehmen?

Ein Herbarium zu führen war noch bis weit ins 20. Jahrhundert eine beliebte Beschäftigung; noch in den getrockneten Blumen sah man deren Leben und Symbolik. Auch die amerikanische Dichterin Emily Dickinson legte als vierzehnjährige Schülerin ein Herbarium an, das die Harvard-Universität online gestellt hat. Ihre späteren Gedichte sind voller Blumenmetaphern, und ihre Briefe waren oft von frisch gepflückten oder getrockneten Blüten begleitet: »Susan, heute Nacht habe ich von Dir geträumt und schicke Dir zum Zeichen eine Nelke.« Bei ihrer Beerdigung, verfügte sie, solle der Trauerzug durch blühende Wiesen gehen, was im Mai 1886 auch so geschah. Als Robert Schumann sich wegen seines psychischen Zusammenbruchs in einer Heilanstalt aufhielt, sandte ihm seine Ehefrau Clara von ihren Konzertreisen sorgfältig gepresste und beschriftete Blumen aus den Sträußen, die ihr als gefeierter Pianistin überreicht wurden, darunter im Juni 1855 einige Federnelken aus einem Bouquet des Fürsten Leopold III. zur Lippe.

Endlich haben wir unter den vielen getrockneten Blumen des Hans Sloane die Hybride gefunden, beschriftet mit *Mule Pink,* die Maultier-Nelke, die tatsächlich unfruchtbar blieb wie die meisten Hybriden und nur durch Stecklinge vermehrt werden konnte. Fred macht mich darauf aufmerksam, dass man von der Abteilung Biodiversität des Natural History Museum durch Glasscheiben auf die alten Herbarienbände blicken kann: auf die Dokumentation eines Pflanzenreichtums, der im Europa des 18. Jahrhunderts mit den aus allen Erdteilen neu eingeführten Pflanzen einen Höhepunkt erreichte, bevor die Folgen der Industrialisierung die Arten dezimierten.

Als er mir zuletzt die Naturgärten im Außenbereich des Museums zeigt, entfährt mir der Ausruf: »Eine ganz normale Wiese!«, worüber Fred, Spezialist für Algen, Moose und Pilze und in verschiedenen Kommitees zur Biodiversität engagiert, milde lächelt. Führt mich mein Blumenweg etwa über alte Drucke, Herbarien und einige Schleifen der Nelkengeschichte

Dies sind eher Kunst-, denn Naturschönheiten: ein Ensemble zarter laced pinks, *wie geklöppelt wirkender Nelken, die dem rauhen Wetter trotzen. Illustration von Clara Maria Pope, 1820.*

wieder zur Wiese hinter unserem Haus zurück? Oder zu den hohen, selten gemähten Wiesen meiner Kindheit am Neckar? Zu meinen Großeltern, deren Verehrung eines besonderen ›Blümchens‹, das in einer kleinen Vase ausgestellt wurde, mich einmal belustigt hatte? Jahrzehntelang ging mein Großvater in Jena von ihrer Wohnung in der Berggasse zum nahegelegenen Gustav Fischer Verlag, wo er medizinische und auch botanische Werke betreute. Auf seinem Weg passierte er die Villa Medusa, das ehemalige Wohnhaus von Ernst Haeckel, der mit seinen *Welträtseln* und den *Kunstformen der Natur* die Naturwahrnehmung ganzer Generationen geprägt hatte. Meine Großeltern blickten auf die Natur mit den Gedichten der Romantik und den Gemälden von Caspar David Friedrich; sie, die nie ins Ausland gereist waren, kultivierten ihre Sehnsuchts-Bergpflänzchen in einer schwärmerischen, biedermeierlichen Atmosphäre, auf die mein Vater mit konkreter Gartenarbeit und exakter Naturwissenschaft antwortete.

Sind diese neuen Wiesen der Großstädte von mehr als nur symbolischer Bedeutung? Was kann eine überwucherte Wand, ein begrüntes Dach bewirken, in einer Zeit, in der immer mehr unbebaute Flächen und Blühstreifen in den Äckern verschwinden, die Blumen wie Insekten zu ihrer Vermehrung benötigen, wenn ihnen nicht schon die großflächig eingesetzten Pestizide zugesetzt haben? Während wir meinen, in unserem Land sei die Umwelt in den letzten zwanzig Jahren sauberer geworden, wurde sie tatsächlich zugleich auch stiller, verschwanden ein Großteil der Insekten und viele Vögel.

Wenn Nelken Augen sind (*œillets*), dann auch Zeugen dessen, was wir aus den Blumen gemacht haben: Zum einen stehen sie uns als floristische, dekorative Ware rund ums Jahr zur Verfügung, zum anderen gelten zahlreiche Wildblumenarten als stark gefährdet. Dies betrifft jedoch unser eigenes Leben, denn ohne Wildblumen gibt es keine Insekten und ohne Insekten keine Bestäubung von Obstbäumen und anderen Pflanzen.

Bereits 1906 mahnt der japanische Kulturwissenschaftler Kakuzo Okakura in seinem *Buch vom Tee:* »Seht ihr denn nicht, daß die wilden Blumen mit jedem Jahre seltener werden?« Er wundert sich über die Verschwendung von Blumen in der westlichen Welt: Kaum gebraucht, werden sie schon weggeworfen. In Japan hole man dagegen nur ausgewählte einzelne Blüten oder blühende Zweige ins Haus. Doch der wahre Blumenfreund ist für Okakura jener, »der die Blumen an ihren heimatlichen Plätzen aufsucht«.

Nelken allein retten kein Ökosystem. Aber sie sind mit ihrem ganzjährigen Graugrün doch wesentlich empfehlenswerter als der Schotter, den viele heute in ihre Vorgärten kippen, um keine Arbeit mit wachsender, welkender Natur zu haben. Sie ziehen Insekten an, so die Karthäusernelke, deren Blüte besonders für Tagfalter geschaffen ist. Diese Nelke gedeiht auf Garagendächern oder noch so kleinen Flächen zwischen Gebäuden, mit Salbei und Euphorbien in einem schönen Dreiklang aus Pink, Blau und Gelb, wie auf der *Chelsea Flower Show* im Schaugarten *Greening Grey Britain* zu sehen. Auf dieser weltgrößten Blumenschau war es der einzige Garten, der Insekten in größerer Zahl anzulocken schien. Karthäusernelken sind auch in einem der neuen ›Gärten der Welt‹ in Berlin-Marzahn

Das Idealbild einer Nelke mit ihren fransigen Blütenblättern und feinen Staubfäden aus dem Papier geholt. Scherenschnitt von Philipp Otto Runge, Anfang 19. Jahrhundert.

zu finden: Im von Großbritannien angelegten *Garden of Vulcan* gehören sie zu den Pionierpflanzen, die eine durch Rodungen oder Naturkatastrophen entstandene Brachfläche besiedeln. Dann erst folgen Bäume, die Tiere und der Mensch.

Tatsächlich entdeckt man Karthäusernelken heute am ehesten an Straßenböschungen und entlang Bahnlinien, also an den Rändern der bebauten Welt, auch fern der landwirtschaftlich genutzten Flächen, wo der weithin verteilte Dünger einige wenige Wildpflanzen mästet und die ökologische Vielfalt nicht nur der ›Hungerblumen‹ bedroht. Zusammen mit der Strand-Grasnelke, einem Bleiwurzgewächs, der Kupferblume und der Grauen Skabiose hat die Karthäusernelke sogar eine eigene Pflanzengemeinschaft gegründet, die Schwermetall-Grasnelken-Gesellschaft (*Armerion halleri*), die sich auf den Abraumhalden des historischen Bergbaus im Harz ausbreitet.

Über Jahrhunderte gediehen Wildnelken auf sonnigem Magerrasen, der ebenfalls keine ursprüngliche Wildnis, sondern eine vom Menschen geschaffene Kulturlandschaft darstellt: In der traditionellen Weidewirtschaft hielten Schafe und Ziegen das Gestrüpp klein und beugten einer Bewaldung vor.

Um auf die Bedeutung dieses besonders artenreichen Biotops aufmerksam zu machen, wurde angeregt, den Magerrasen in ›Lichtrasen‹ umzubenennen. Ein anderer, nicht ganz ernst gemeinter Vorschlag zielt darauf, die Blumen wieder ins tägliche Leben zu holen: Wie wäre es, wenn man sich öfter mal mit »Wie geht es den Blumen in deinem Garten?« begrüßte? Blumen dürfen hier auch als Ideen verstanden werden, als der »Blütenstaub« der Frühromantiker, mit dem sie mehr Poesie über eine entzauberte Welt streuen wollten.

Schnell kommt manchmal die Nacht an Spätsommertagen, fällt wie ein schwarzer Vorhang. Vielleicht sollte ich noch einmal hinausgehen und gießen? Auch ohne Taschenlampe finde ich meinen Weg durch das Dunkel zu den Töpfen: den letzten Chinesischen Nelken, die wie kleine Kaleidoskope in Weiß und Pink aufblühen, den Aussaaten fürs nächste Jahr, den Levkojen und Nachtviolen, den Kleist'schen Nachtschwärmerblumen, die ihre Blüten erst in der Dämmerung öffnen.

Ihr Duft ist pure Gegenwart, er dringt ungefiltert, unzensiert ins Bewusstsein und rührt an tiefste Erinnerungen. In der Pflanzen- und Tierwelt sind Düfte wesentliche Botenstoffe. Gleichsam mit Kanonendonner wie der Prinz von Homburg wieder ins Heute, in unser geschichtliches Sein zurückgeholt, müssen wir uns jedoch eingestehen, dass wir in einer durch und durch vom Menschen geprägten Welt leben und auf der Suche nach unberührter Natur in fernen Erdteilen nur vor diesem Wissen davonlaufen.

Müssen wir also das Menschengemachte als zweite Natur akzeptieren, um die ursprüngliche erste Natur darin als eine dritte wiederzufinden?

In Kleists Aufsatz *Über das Marionettentheater* schildert ein Tänzer, wie er in der bewusstseinslosen Marionette eine Grazie entdeckt, die ihm selbst durch unvermeidliche Selbstreflexion verloren gegangen sei. Denn »das Paradies ist verriegelt und der Cherub hinter uns; wir müssen die Reise um die Welt machen, und sehen, ob es vielleicht von hinten irgendwo wieder offen ist«. Eine neue Unschuld ist erreicht, wenn »die Erkenntniß gleichsam durch ein Unendliches gegangen ist«. Aber dies sei »das letzte Kapitel von der Geschichte der Welt«.

Eine Wiese aus weißen und roten Nelken im Kunstlicht chinesischer Lampions auf John Singer Sargents Carnation, Lily, Lily, Rose.

Eine Szene im Zwielicht, auf der Tag- und Nachtgrenze, umweht von Nelkendüften, zeigt John Singer Sargents 1885–86 entstandenes lebensgroßes Gemälde *Nelke, Lilie, Lilie, Rose.* Der Titel bezieht sich auf ein damals populäres Lied, in dem ein Mann nach seiner Freundin Flora sucht, die einen Kranz aus Nelken, Lilien und Rosen trage. Für Sargents Bild mussten die beiden Töchter eines Künstlerkollegen mitten in einem Nelkenbeet ausharren und immer wieder die Lampions entzünden, deren Schein sich mit der einfallenden Dämmerung vermischte. Zahllose Abende ging das so, bis in den Herbst hinein, in Erwartung eines ganz bestimmen Lichts, bis die Mädchen unter ihren weißen Kleidern, auf denen sich die roten Nelken abzeichnen, Pullover trugen und die Blumen durch Kunstblumen ersetzt waren.

In dieser Verschränkung von Kunst und Natur wirken die Lilien am oberen Bildrand abstrahiert, wie auf einem japanischen Holzschnitt, während sich die von den Mädchen niedergetrampelten Nelken in einfache ›Grasblumen‹ zurückverwandeln.

Diese wilde Pflanzung der Nelken war ganz im Sinne des Gartengestalters William Robinson, einem Freund des Malers; mit seinen geplanten natürlichen Gärten entwarf er einen utopischen Gegensatz zu seinem bereits stark industrialisierten Zeitalter, einen Sehnsuchtsraum.

In welchem Zwielicht bewege ich mich selbst, in welchem Spannungsfeld von Zerstörung und Sehnsucht? In meinem halb natürlichen Garten in meinem von zweiter Natur kräftig durchmischten Leben? Man steht sich ja doch selbst im blinden Fleck. Aber gerne umgeben von Nelken, dem blühenden Gras.

Portraits

Nelken haben sich als anspruchslose, lichtliebende Pflanzen zahlreiche Wuchsorte auf kargen Flächen und an Berghängen erobert. Die Gattung Dianthus innerhalb der Familie der Nelkengewächse (Caryophyllaceae) umfasst rund 500 Arten, die auf der Nordhalbkugel wachsen. Viele Arten verströmen einen starken Duft, samen sich aus und bilden mit ausdauernden Wurzeln dichte Polster. Stängel und Blätter sind oft graugrün, die Blütenstände bestehen aus einzelnen oder mehreren Blüten mit fünf Kelch- und fünf Kronblättern.

Je tiefer man in das weitgespannte Nelkenreich vordringt, je mehr verborgene Vorposten man entdeckt, desto schwieriger erscheint eine Auswahl. Im Folgenden sind zehn Dianthusarten portraitiert, die in Europa wild wachsen, aber seit Jahrhunderten auch in den Gärten gezogen werden.

Nahe Verwandte innerhalb der Nelkengewächse sind die früher als Gartenblumen beliebten Kronen-Lichtnelke, auch Samt- oder Vexiernelke genannt, die mit ihren samtigen Stielen und leuchtend pinkfarbenen wie weißen Blüten für Kronen und Kränze verwendet wurde, und die rote Scharlach-Lichtnelke, auch als *Brennende Liebe* oder *Malteserkreuz* bekannt. Beide gehören zur Gattung der Leimkräuter (Silene), wie die an Waldrändern, in Wiesen und Gräben zu findenden Gewöhnliche Pechnelke, Rote oder Weiße Lichtnelke und Kuckucks-Lichtnelke.

Alpennelke
Dianthus alpinus

Alpin Pink

Œillet des Alpes

Die Alpennelke ist die Berghänge, das natürliche Habitat der meisten Nelkenarten, am weitesten hinaufgeklettert. Mit der sehr ähnlichen Gletschernelke (*Dianthus glacialis*) steht sie in einer sogenannten vikariierenden Beziehung, das heißt, beide wechseln sich je nach Standortbedingung ab. Die Gletschernelke wächst auf Silikatgestein bis zu einer Höhe von 2900 m, während sich die Alpennelke in tiefere Lagen bis 700 m auf kalkhaltigem Boden ausbreitet; zusammen besiedeln sie auf diese Weise mehr als 2000 Höhenmeter. Beide tragen die Beinamen *Almnagerl* oder *Kuhdrecknagerl* und sind geschützt. Eine weitere, sehr seltene Gebirgsart, die Steinnelke (*Dianthus sylvestris*), wächst nur in den Allgäuer Alpen.

Mit ihren feinen Wurzelhärchen haften diese Nelken an steilen Hängen, bilden dichte immergrüne Rasen und tragen so zur Befestigung von Gletschergeröll bei. Die pinkfarbenen, recht großen Blüten erscheinen früh im Sommer. Im Garten eignet sich die Alpennelke für sonnige Plätze im Steingarten oder für Töpfe. Sie hält einiges aus, wie strengen Frost, aber keine stehende Nässe. Im Handel wird meist die Wildform angeboten; im Sortiment des englischen Nelkenzüchters Allwoods finden sich auch einige veredelte zweifarbige Sorten, deren Namen eher nach einem Flachland-Salon denn nach Hochgebirge klingen: *Dainty Dame, Gold Dust* oder *Whatfield Can-Can.*

Bartnelke
Dianthus barbatus

Sweet William

Œillet de poète, Bouquet parfait

Sieht man eine Blume anders an, wenn sie ›Dichternelke‹ oder ›Vollkommener Strauß‹ wie in Frankreich, ›Duftender William‹ wie in England oder ›Tausendschön‹ wie in den Niederlanden heißt – und nicht ›Bartnelke‹? Ein altväterlicher Name, den diese Nelkenart wirklich nicht verdient hat. Allerdings waren im Deutschen früher auch die Namen *Büschelnelke* – wegen der vielen kleinen Einzelblüten, aus denen sich die Blütenkrone zusammensetzt – oder *Schöner Wilhelm* sowie *Wohlriechender Gartenwilhelm* üblich. Diese Bezeichnung meint keinen historischen Wilhelm, *William* ist vermutlich eine Verballhornung des französischen ›*Œillet*‹ für Nelke. Der Zusatz ›Bart‹ im Deutschen rührt von ihren spitzen Kelchblättern her. In Italien war früher der Beiname *Oculus Christi* verbreitet, das Auge Christi. Im *Hortus Eystettensis* von 1613 taucht die Bartnelke mit weißen, purpurnen und weiß-rot-geteilten Blüten als ›Flos Armerius‹ auf.

Im südlichen Europa wächst sie wild auf Bergwiesen und Magerrasen, wie auch die Büschelnelke oder ›Wilde Bartnelke‹ (*Dianthus armeria*). Die Bartnelke kann sehr leicht aus Samen gezogen werden und blüht im folgenden Jahr. Die Farbtöne reichen von Weiß und Rosa bis Purpur und Dunkelrot. Sie hat nur einen schwachen Duft, ist aber eine gute heimische Schnittblume.

Chinesische Nelke
Dianthus chinensis

China Pink, Indian Pink
Œillet de Chine, Œillet de la Régence

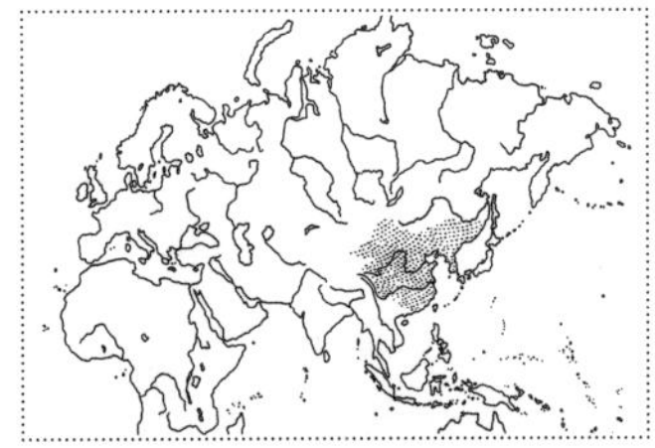

Die Chinesische Nelke kam per Post nach Europa. In China tätige französische Missionare schickten ihre Samen nach Paris, die vermutlich bereits von einer Kulturform stammten, nicht von einer Wildnelke. Auch in Europa wurden bald nach ihrer Einführung verschiedene, darunter gefüllte, Sorten bekannt. In Frankreich trägt sie den Beinamen *Œillet de la Régence* nach der Regierungszeit von Philipp von Orléans (1715–1723), der die politischen Geschäfte für den noch minderjährigen Ludwig XV. führte. Um 1720 wächst die Chinesische Nelke im Garten von Thomas Fairchild in London. 1860 gelangte eine neue *Dianthus-chinensis*-Hybride aus Japan über St. Petersburg nach Europa, die Heddewigsnelke, benannt nach dem Gärtner Heddewig in St. Petersburg. Eine gefüllte Heddewigsnelke erhielt 1871 in Deutschland den Namen *Kaisernelke.* Aus der Heddewigsnelke gingen auch die in Frankreich gezüchteten Margarethen- und Chabaudnelken hervor.

Von der Gartennelke unterscheidet sich die Chinesische Nelke durch frischgrüne Blätter, die lebhafte Zeichnung der Blüten und den Wuchszyklus: Sie blüht bereits im Jahr der Aussaat. Die Chinesischen Nelken bleiben weiterhin wichtig für die Entwicklung neuer Sorten, und vielleicht werden die romantischen runden Nelkenblüten jetzt von stärker gefransten abgelöst? Eine pinkfarbene Hybride aus Prachtnelke und Chinesischer Nelke, die in Japan gezüchtete *Sunnade Pintatsu,* wurde unter dem Namen *Nellieke* in Deutschland zur ›Pflanze des Jahres im Norden 2017‹ gekürt, als sei sie über Jahre in holsteinischen Gärten gewachsen.

Federnelke
Dianthus plumarius

Feathered Pink, Cottage Pink

Œillet à plume, Œillet mignardise

Die Federnelke ist die klassische Gebirgs- und somit auch Steingartennelke mit dem stärksten Duft; sie blüht früh von Mai bis Juni in Weiß- oder Rosatönen. Seit dem 16. Jahrhundert ist sie auch als Gartenpflanze nachgewiesen und taucht im *Hortus Eystettensis* wie im *Gottorfer Codex* auf. Im 19. Jahrhundert war sie dann beliebter als die Gartennelke, weil sie besser als die empfindlichen Topfnelken zum Ideal des naturnahen Gartens passte. Eine Kreuzung aus Federnelke und Remontantnelke stellt die 1919 eingeführte Allwood-Hybride (*Dianthus x allwoodii*) dar, die winterhart, öfterblühend und duftend ist; sie begründet die *modern pinks.* Die Wildform der Federnelke kann leicht aus Samen gezogen werden. Bei den Kulturformen steht oft das Auge in Kontrast zur Grundfarbe. Heute noch erhältliche historische Sorten sind *Dad's Favourite* (um 1800, weiß mit rubinrotem Rand und Auge, rundblättrig, eine sog. *laced pink*) und *Mrs Sinkins* (1868, weiß mit grüner Mitte, stark gefranst). Der Federnelke ähnlich ist die spätblühende, stark duftende Montpellier-Nelke oder auch Fransen-Nelke (*Dianthus monspessulanus*) und die sogenannte Hainburger Federnelke oder Tatra-Nelke (*Dianthus lumnizeri*), die in der Hohen Tatra in der Slowakei sowie in den Hainburger Bergen in Österreich wild wächst.

Gartennelke
Dianthus caryophyllus

Carnation

Œillet des fleuristes, le Grenadin

Als die von Johann Georg Krünitz 1773 begründete *Oeconomische Enzyclopädie* im Jahr 1806 beim Buchstaben N und der Nelke angelangt ist, war die große Zeit der Dianthomanie beinahe vorbei; daher möchte man diesen Eintrag fast als einen Nachruf lesen: »Dies ist die gemeine Nelke, welche durch ihre schönen, wohlriechenden, mehrenteils gefüllten und in einfachen sowohl als bunten Farben fast unzählig mannigfaltigen Blumen die gewöhnliche und allgemein beliebte Zierde der Gärten und Blumentöpfe ausmacht.« Zu loben sei auch das »schöne und angenehme Grün des Laubes« und ihr »sanfter, angenehmer und gewürzartiger Geruch«, der »fast jedes Parfüm der Welt übertrifft«. ›Gemeine Nelke‹ bezeichnet hier keine einheimische Wildnelke, sondern die seit Jahrhunderten in den Gärten herangezogene, durch allerlei Moden gegangene Kulturform. Ihr Ursprung liegt im Osmanischen Reich oder in Persien. In Südeuropa kann man die Gartennelke heute auch wild als sogenannten Gartenflüchtling entdecken. Um 1842 gelingt in Frankreich die Züchtung einer öfterblühenden Nelke (Remontantnelke); aus ihr wurde die Malmaisonnelke und unsere heutige ›Edelnelke‹ entwickelt, deren feste Stiele sie als Vasen- und Versandblume tauglich machen. Der Duft ging dabei verloren. In die entgegengesetzte Richtung, vornüberhängend, wachsen die Gebirgs- oder Tiroler Hängenelken, die als Balkonblumen besonders gut in Bergtälern mit hoher UV-Strahlung und Luftfeuchtigkeit gedeihen. Auch sie sind kein Tiroler Urgewächs, sondern eine Züchtung aus dem 19. Jahrhundert.

Heidenelke
Dianthus deltoides

Maiden Pink

Œillet couché

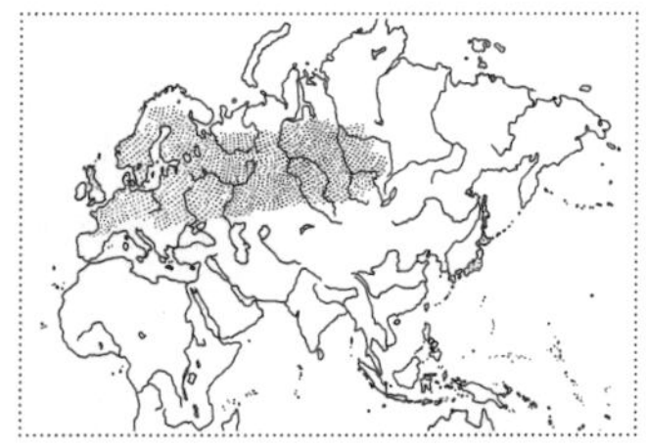

Mit dem Titel ›Blume des Jahres‹ wird seit 1980 auf gefährdete Arten, vor allem auf ihre zurückgedrängten Lebensräume aufmerksam gemacht, so 2012 mit der Heidenelke, die wie die Karthäusernelke auf Magerrasen wächst. Die Heidenelke bevorzugt saure Böden, Heiden und Triften. Mit der Karthäusernelke teilt sie den volkstümlichen Namen *Donner-Nägelein,* vermutlich, weil beide zur Zeit der ersten Gewitter blühen. Die leuchtend rote Blütenfarbe hat der Heidenelke auch den Beinamen *Blutströpfchen* eingebracht oder *Blutnelke.* Wo sie wächst, soll ein Mensch gewaltsam getötet worden sein. Auf diesen Mythos bezieht sich René Schickele in seinem Buch *Himmlische Landschaft* von 1933, als er im Grenzgebiet zwischen Deutschland und Frankreich nach den kaum überwachsenen Verheerungen des Ersten Weltkriegs einige Nelken am Wegrand als »dicke Blutstropfen« blühen sieht. Nach einer böhmischen Sage sind die Heidenelken die Tränen der Maria auf der Flucht nach Ägypten, daher die Beinamen *Muttergottestränen* oder *Marientropfen.* In der Bautzener Gegend hieß sie auch *Uhrblume,* weil die Blütenblätter wie das Zifferblatt einer Uhr wirken. Ein weiterer älterer Beiname ist *Deltafleckige Nelke.* Es gibt einige Züchtungen wie die Sorte *Mikrochip* mit kontrastfarbigem Auge. Die Heidenelke ist für Steingärten, Tröge und Dachbegrünung gut geeignet; der *Guardian* empfiehlt eine Kombination mit Thymian und niedriger Iris.

Karthäusernelke
Dianthus carthusianorum

Carthusian Pink

Œillet des Chartreux

Als Wildblume des Wendejahres 1989 machte die Karthäusernelke auf blühende Landschaften in der Natur aufmerksam, die schon länger in Ost- wie Westdeutschland durch eine Ausdehnung von Acker- und Wohnflächen bedroht sind. Mit ihren auf hohen Stängeln schwebenden trichterförmigen, leuchtend pinkfarbenen Blüten lockt die Karthäusernelke vor allem Tagfalter an. Volkstümliche Namen waren *Hungerblume* oder *Donner-, Wetter-, Einschlagnelke:* Der Blitz schlägt ein, so glaubte man, wenn jemand diese Blume ins Haus bringt. Ihre kräftige Blütenfarbe ließ an ein himmlisches Feuer denken. In den Kräuterbüchern des 16. Jahrhunderts noch als *Donner-Nägelein* erwähnt, wird sie kurz darauf mit dem Namen ›Karthäusernelke‹ christianisiert; angeblich haben Karthäusermönche aus dieser Nelke Saponine für Seifen und Rheumamittel gewonnen. Nach dem Volksglauben helfen drei in die Nase gestopfte Blüten gegen Nasenbluten. Die Karthäusermönche, die einst wie diese Blume karge Gegenden besiedelten, führen ein streng kontemplatives Leben in Stille und Einsamkeit. Eine Konnotation, die in Walter Benjamins blumensprachlichen Notaten im Text »Loggia« (in *Einbahnstraße*) anklingt: »Karthäusernelke. Dem Liebenden erscheint der geliebte Mensch immer einsam.« 2006 gelangte die Karthäusernelke auf eine Briefmarke der ›Dauerserie Blumen‹. Mit dem Wert 70 Cent konnte diese gemäß der Verbreitung des Karthäuserordens für Europabriefe verwendet werden. Bei Inlandsbriefen hatte man die Wahl zwischen Gartenrose und Klatschmohn.

Pfingstnelke
Dianthus gratianopolitans

Cheddar Pink

Œillet de Grenoble,

Œillet bleuâtre

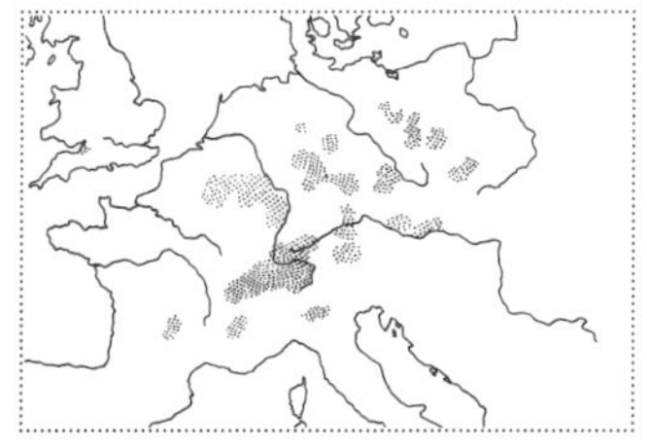

Pfingstnelken blühen früher als alle anderen Nelken, Anfang bis Mitte Juni, zur Zeit des Pfingstfestes; in Schwaben heißen sie auch *Veitsnägele* nach dem Gedenktag des Heiligen Veit am 15. Juni. Der früher übliche Name *Dianthus caesius* leitete sich von der blaugrauen Farbe der Blätter her, der heutige Zusatz *grationapolitans* von der Stadt Grenoble in den Französischen Alpen. Die Pfingstnelke besiedelt Trockenrasen sowie sandige Nadelwälder und findet sich zum Beispiel im Thüringer Wald an Felshängen. Sie bildet dichte blaugraue Polster und gilt neben der Federnelke als wichtigstc Steingartenart. Vita Sackville-West stellt in ihrem Buch *Some flowers* die Pfingstnelke als eine ihrer Lieblingsblumen vor; allerdings halten sich diese nach ihren Erfahrungen in Sissinghurst als Beeteinfassung nicht lange. Dafür überleben sie, so Sackville-West, in Spalten zwischen Steinen und in Mauerritzen jahrelang. Als *border plants,* für englische Gärten wohl unverzichtbar, müsse man sie immer wieder neu aussäen. Eine Hybride der Pfingstnelke ist die heute weit verbreitete violett-weiß blühende Sorte *Jane Austen;* allerdings erwähnt Jane Austen in keinem ihrer Romane Nelken und die zeitgenössische Nelkenmode.

Prachtnelke
Dianthus superbus

Superb Pink

Œillet Superbe

Nicht nur in der stark zerteilten Blüte, sondern auch in den Standortvorlieben unterscheidet sich die Prachtnelke von den anderen Nelkenarten. Sie besiedelt saure Böden und feuchte bis wechselfeuchte Wiesen, die Unterart der Alpenprachtnelke (*Dianthus superbus subsp. alpestris*) auch Höhenlagen. Die Prachtnelke wird bis zu 40 cm hoch und blüht von Juni bis September in Weiß oder zarten Rosatönen. Sie gilt als stark gefährdet und wird für Teichränder in naturnahen Gärten besonders empfohlen. Während im deutschen Sprachraum die Prachtnelke Beinamen wie *Hochmut, Mutwillen, Stutzernelke* oder *Zierbengel* trägt, also mit männlicher Eitelkeit verbunden wird (Hoffmann von Fallersleben schreibt: »Sieht aus wie ein aufgeputzter einher schreitender Bursche.«), gilt sie in Japan als ein Symbol der traditionellen japanischen Frau: zart und doch zäh. Die getrockneten Blätter der *nadeshiko* finden Anwendung in der traditionellen chinesischen Medizin; neuerdings wurden sie als Mittel gegen Alzheimer getestet. Aus der Langkelch-Prachtnelke gingen die Züchtungen der *Matsusaka nadeshiko* und der Chinesischen Schlitznelken hervor; eine Vorstellung dieser Nelken vermitteln die heute erhältlichen Hybriden *Rainbow Loveliness, Spooky* und *Dancing Geisha,* deren zerrissene Blütenblätter wie wehende Stoffbahnen wirken.

Sandnelke
Dianthus arenarius

Sand Pink

Œillet des sables

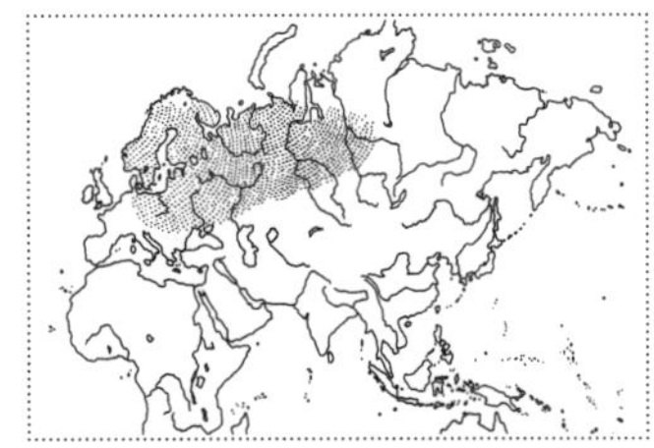

Ist es eine preußische Sandnelke (*Dianthus arenarius subsp. borussicus*), die sich Baron von Innstetten in den Dünen ansteckt, bevor er zum Duell mit Crampas, der vor vielen Jahren eine Affäre mit seiner Frau Effi hatte, schreitet? Das Bücken nach der Nelke nimmt in Fontanes Roman mehr Platz ein als die anschließende Erschießung seines Konkurrenten. Allerdings blüht diese Wildform weiß, während es bei Fontane blutrote Nelken sind und daher vielleicht doch eher Heidenelken mit dem Beinamen *Blutströpflein* waren? Auch hat die Sandnelke ein besonders feines Blatt und eine filigrane Blüte, sodass sie eher an die im Garten ihrer Eltern schaukelnde Effi denn an preußische Ehrenhändel oder gar spanische Stierkampfarenen denken lässt. Die Immortellen, die sich hier ebenfalls im mecklenburgischen Sand finden, scheinen mit ihrem Beinamen *Italienische Strohblume* das vertrocknete Herz des Überlebenden Innstetten zu beschreiben: Er verstößt Effie und versucht, bei der gemeinsamen Tochter alle Fantasie und Lebendigkeit zu ersticken.

Wegen ihrer Ähnlichkeit mit der Federnelke wird die Sandnelke auch *Wilde Federnelke* genannt; ihre Blütenblätter sind allerdings noch tiefer, in der Art der Prachtnelke gespalten. Sie wächst auf Küstendünen und in lichten Kieferntrockenwäldern und bildet dichte grüne Rasen. Sie gilt als wertvolle Wildart und in den nordischen Ländern als eine der Blumen, die um Mittsommer herum blühen.

Weiterführende Literatur

Montagu C. Allwood: ***Carnations and all Dianthus,*** Haywards Heath 1947.

Rudolf Borchardt: ***Der leidenschaftliche Gärtner,*** Berlin 2016.

Christopher Brickell, Fay Sharman: ***Pflanzenschätze aus alten Gärten. Vergessene und bedrohte Gartenpflanzen,*** Stuttgart 1988.

Heinrich Christian von Brocke: ***Beobachtungen von einigen Blumen, deren Bau und Zubereitung der Erde,*** Leipzig 1769.

Judith Farr: ***The Gardens of Emily Dickinson,*** Harvard 2004.

Flora Exotica. A Botanical Masterpiece from 1720, Ostfildern 1999.

Jack Goody: ***The Culture of Flowers,*** Cambridge 1993.

Robert Hichens: ***The Green Carnation,*** London 1894.

Iku Hori: ***Sehnsucht nach Lebendigkeit. Das Problem der »Natur« im europäischen und japanischen Denken,*** Würzburg 2009.

Munenori Hosoya: »Pinks in Japan«, Beitrag auf der Homepage der British National Carnation Society.

Sophie Hughes: ***Carnations and Pinks.*** Ramsbury 1991.

Elizabeth Hyde: ***Cultivated Power. Flowers, Culture, and Politics in the Reign of Louis XIV,*** Philadelphia 2005.

Fritz Köhlein: ***Nelken,*** Stuttgart 1990.

Heinz-Dieter Krausch: ***»Kaiserkron und Päonien rot …« Entdeckung und Einführung unserer Gartenblumen,*** München / Hamburg 2003.

Ernst Moritz Kronfeld: ***Geschichte der Gartennelke,*** Wien 1913.

Michael Leapman: ***The Ingenious Mr. Fairchild. The Forgotten Father of the Flower Garden,*** London 2000.

Rosa Luxemburg: ***Herbarium,*** hg. v. Evelin Wittichi, Berlin 2016.

Andrew Morton: ***17 Carnations. The Royals, The Nazis and The Biggest Cover-Up in History,*** London 2015.

Oeconomische Encyclopädie. **begründet von Johann Georg Krünitz, 1773–1858;** Band 102, Berlin 1806.

Carl Leopold Rautenbach: »Gekrönte Beantwortung der Preisfrage …«, in: ***Verhandlungen des Vereins zur Beförderung des Gartenbaues in den Königlich Preußischen Staaten,*** 8. Bd. (1832), S. 3–20.

Vita Sackville-West: ***Meine Lieblingsblumen,*** Berlin 2016.

Ludwig Christoph Schmahling: ***Aesthetik der Blumen,*** Leipzig 1786.

ders.: ***Nachrichten aus dem Blumenreiche,*** eine Quartalsschrift, Leipzig 1785–89.

Clara Schumann: ***Blumenbuch für Robert. 1854–1856,*** Bonn / Frankfurt / Basel 2006.

Brigitte Wachsmuth: ***Historische Blumen. Sorten – Anbau – Geschichten,*** Ostfildern 2011.

Dies.: »Die Nelken der Blumisten. Bemerkungen zu ihrer Geschichte und Literatur«, in: ***Zandera*** 28 (2013), S. 59–70.

Twigs Way: ***Carnation,*** London 2016.

Johann Nicolaus Weißmantel: ***Des Blumisten 1. Theil in welchem die Nelke oder Grasblume 1) ihre Wartung und Behandlung durchs ganze Jahr, 2) die Schönheitsregeln derselben, 3) Beschreibung einiger vorzüglichen Nelken, deutlich und vollständlig abgehandelt werden,*** Leipzig 1779.

Wörterbuch der deutschen Pflanzennamen, Lieferung 10: Daboecia-Draba, Leipzig 1951.

Die Gedicht- und Romanauszüge sind zitiert nach:

Seite 7, 130: Heinrich von Kleist: *Sämtliche Werke und Briefe,* Frankfurt a. M. 1990.

Seite 17: Andrew Marvell: *Barocke Gärten der Literatur. Eine europäische Anthologie,* Mainz 2007.

Seite 18: Johann Wolfgang Goethe: *Tagebücher. Historisch-kritische Ausgabe,* Stuttgart / Weimar 2008.

Seite 20, 43, 45: Hugo von Hofmannsthal: *Gesammelte Werke,* Frankfurt a. M. 1979.

Seite 21: Inger Christensen: *alfabet / alphabet,* Münster 2001.

Seite 23: Paul Celan: *Historisch-kritische Ausgabe,* Bd. 2,1 / 3,1, Frankfurt a. M. 2003.

Seite 33: Rainer Maria Rilke: *Gesammelte Werke,* Frankfurt a. M. / Leipzig 2003.

Seite 36: Friedrich Nietzsche: *Briefwechsel. Kritische Gesamtausgabe,* Berlin / New York 1978.

Seite 39: Ingeborg Bachmann: *Sämtliche Gedichte,* München 1983.

Seite 39, 58: Francis Ponge: *L'Œillet – La Guêpe – Le Mimosa,* Genf 1947.

Seite 42: Gottfried Benn: *Sämtliche Werke.* Bd. VII/2, Stuttgart 2003.

Seite 42: Thomas Mann: *Buddenbrooks. Verfall einer Familie,* Frankfurt a. M. 1960.

Seite 43: Franz Kafka: *Tagebücher 1909–1923,* Frankfurt a. M. 1997.

Seite 45: Georg Trakl: *Sämtliche Werke und Briefwechsel. Innsbrucker Ausgabe,* Basel / Frankfurt a. M. 1995.

Seite 57: Barthold Heinrich Brockes: *Irdisches Vergnügen in Gott,* Göttingen 2013.

Seite 60: Johann Wolfgang Goethe: *Sämtliche Werke,* Bd. 24 Schriften zur Morphologie, Frankfurt a. M. 1987.

Seite 61: William Shakespeare: *The Winter's Tale / Das Wintermärchen,* Stuttgart 1987.

Seite 63: Novalis (Friedrich von Hardenberg): *Schriften / Das dichterische Werk,* Stuttgart 1977.

Seite 66: Friedrich Hölderlin: *Sämtliche Werke. Frankfurter Ausgabe,* Basel / Frankfurt a. M. 1995.

Seite 66: Christoph Martin Wieland: *Sämmtliche Werke* Bd. 26, Leipzig 1865.

Seite 81: Jean Paul: *Sämtliche Werke,* München 1981.

Seite 88: *Japanische Jahreszeiten. Tanka und Haiku aus dreizehn Jahrhunderten,* Zürich 1963.

Seite 93 f.: Dido Sotiriu: *Das Gebot,* Köln 1992.

Seite 94: Nâzım Hikmet: *Hasretlerin Adı / Die Namen der Sehnsucht. Gedichte,* Zürich 2008.

Seite 94: Franz Fühmann: *Die Nelke Nikos,* Berlin 1953.

Seite 101: Oscar Wilde: *Complete letters,* London 2000.

Seite 102: Oscar Wilde: *Der Kritiker als Künstler und andere Essays,* Zürich 1999.

Seite 103: John Updike: *Ehepaare,* Reinbek 1969.

Seite 105: Emily Dickinson: *Sämtliche Gedichte,* München 2015.

Seite 117: Francis Ponge: *L'Opinion changée quant aux fleurs / Änderung der Ansicht über Blumen,* Basel / Weil a. R. / Wien 2005.

Seite 112: Stefan Zweig: *Marie Antoinette. Bildnis eines mittleren Charakters,* Leipzig 1932.

Seite 127: Kakuzo Okakura: *Das Buch vom Tee,* Frankfurt a. M. 1919.

Seite 144: René Schickele: *Himmlische Landschaft,* Badenweiler 1956.

Abbildungs-verzeichnis

Bestand der Universitätsbibliothek der Technischen Universität Berlin, Deutsche Gartenbaubibliothek.

Seite 62 *Dianthus caryophyllus* **und Seite 120** *Dianthus chinensis.* Caroline Maria Applebee, 1843 © RHS, Lindley Library.

Seite 67 *Œillet.* Bulliard: Flora parisiensis, 1778.

Seite 71 *Tafel 6.* James Maddock: The Florist's Directory, London 1792.

Seite 75 *Nelkentheater.* Behr / Münzel: Das Ganze der Nelkenzucht, Leipzig 1810.

Seite 79 *Nelkentheorie.* Johann Christian Rudolphi, Meißen 1799.

Seiten 84 *Haguma nadeshiko,* 1870.

Seite 87 *Three Young Women in a Garden where Nadeshiko Pinks are Growing.* Kuwagata Keisai, ca. 1790.

Seiten 90 *Dianthus cincinnatus.* L'Illustration horticole, vol. 11, 1864.

Seite 93 *Nikos Belogiannis,* 1951.

Seite 97 *Am 1. Mai 1946.* Plakat von Arno Mohr, 1946.

Seite 99 *Mädchen mit der Nelke.* Wilhelm Leibl, um 1880.

Seite 102 *Oscar Wilde am 23. Mai 1889.* Foto: W. & D. Downey.

Seite 107 *Allwood-Brüder,* © Allwoods, all rights reserved.

Seite 110/111 *Caryophyllus hortensis.* J. W. Weinmann: Phytanthoza iconographia, Bd. 2, Ratisbonae 1739.

Seite 115 *Nelken.* Christian von Mechel, in: Karlsruher Tulpenbücher.

Seite 125 *Carnations.* Clara Maria Pope, 1820.

Seite 128 *Nelke.* Philipp Otto Runge, © Foto: pk Hamburger Kunsthalle, Christoph Irrgang.

Seite 131 *Carnation Lily, Lily, Rose.* John Singer Sargent, 1885–86.

Seiten 135, 139, 141, 149, 153 Falk Nordmann, 2018. **Seite 137** Curtis's Botanical Magazine, Vol. 6, 1793. **Seite 143** E. Blackwell: A curious herbal, Vol. 1, 1737. **Seiten 145, 147, 151** A. G. Dietrich: Flora regni borussici, 1833–1844.

Susanne Stephan, geboren 1963 in Aachen, ist Lyrikerin und Essayistin. Sie studierte Germanistik, Geschichte und Romanistik und wurde für ihre Arbeiten mit dem Thaddäus-Troll-Preis und dem Kleinen Hertha Koenig-Preis ausgezeichnet.

NATURKUNDEN № 41
Erste Auflage Berlin 2018

NATURKUNDEN
herausgegeben von Judith Schalansky
erscheinen bei Matthes & Seitz Berlin
ermöglicht durch Jan Szlovak, Hamburg

EINBAND UND TYPOGRAFIE Pauline Altmann, Berlin
nach einem Entwurf von Judith Schalansky
TITELILLUSTRATION Pauline Altmann, Berlin
SCHRIFT Ingeborg von Michael Hochleitner/Typejockeys
LITHOGRAFIE Tomas Mrazauskas, Berlin
HERSTELLUNG Hermann Zanier, Berlin
PAPIER 100 g/m² Fly 04 hochweiß, 1,2faches Volumen
EINBANDMATERIAL Napura® Khepera von
Winter & Company GmbH, Lörrach
DRUCK UND BINDUNG Pustet, Regensburg

ISBN 978-3-95757-551-7

www.naturkunden.de
www.matthes-seitz-berlin.de